# Finding P :
# The Great
# Alphabet Hunt

## Paula Curtis Taylorson

illustrated by Denise Prado

Finding P : The Great Alphabet Hunt

This is a work of fiction.

Text and Illustrations copyrighted

by Paula Curtis Taylorson ©2021

Library of Congress Control Number: 2021904822

Printed in the United States of America

A 2 Z Press LLC

PO Box 582

Deleon Springs, FL 32130

bestlittleonlinebookstore.com

sizemore3630@aol.com

440-241-3126

ISBN: 978-1-954191-17-4

## *Dedication*

*Thank you to those
who read to me and
those who listened
to me read.*

**Promptly** one Sunday morning,
**Penelope pushed** back her duvet (doo-vay),
Dressed in her **purple polka dot pajamas**,
without **pockets**, she was ready to **play**.

**Penelope** gathered her **packages** of **pencils** and **pens** and set off on her hunt for the **Ps.**

With her loyal **pet pangolin**, Pete, at her side, she was **positive** she could find them with ease.

As they **passed** through the **peculiar** neighborhood,
a **porcupine pointed** at Pete, which was rude.
Are you a '**possum**, a **platypus**, a **pole cat** or
a **Pekinese** dog **prancing** around in the nude?

'Pete is a **pangolin**!' **Penelope** shouted.
'And he is **perfect** in every way
He is a scaly anteater from
the **Philippines** and he's
helping to hunt **P** words today!'

PANGOLIM
IDENTIFICATION

NAME: PETE

FROM: PHILIPPINES

BEST FRIEND

Off to the **post office** the two went to send **presents** they **purchased** for **Penelope's papa** who lives very far.

It's all for a **parcel** of things
like **puzzles** and **popcorn** and
**peanuts** and a chocolate candy bar!

Paulie the **parrot** and **Peachy** the **pelican** work at sorting the **post**. They were **patient** and **purely** delighted to see a **postcard** with a **portrait** a ghost.

Penelope **paraded** around with her **purse** in
her slippers decorated with **pink pears**.
**Pete** wore a **polo** neck
**pullover** and **pants** which
had **patches** cut out of squares,

Pete **posed** for a **photo**, played **peek-a-boo hide**,
and **picked pansies** that grew in a drain.
'**Pete**, we're in **public**, no **playing** or **pretending**.
The **patrons** will start to complain!'

Let's **pop** into **Pepe's** for **pizza** and **pasta** and
**pancakes** with **peaches** and cream,
They were served by a **parakeet pouring** fizz
from a **pitcher** into cups made of **polystyrene**.

Later, they **paused** and **plotted** a **path** they could follow on a map **printed** on recycled **paper.**

And **Penelope** drew **pictures** of **picturesque** landmarks from the top of a giant skyscraper.

From their **position** they could see many things beginning with P across the ocean and land.

Like a tea **party** for
**pampered pupils** from a
**primary** school on a **picnic** they'd
**previously planned.**

Next, they went to the **petting** zoo gates,
and **paid** for their **passes** to enter.

The zoo was **packed** with **piglets**, **prairie** dogs, and **pigmy** goats being interviewed by a television **presenter**.

A **petite** child called **Pierre** from **Paris** was crying, he had lost his **pterodactyl** toy. So, two **peccaries** called **Pablo** and **Patu** from **Peru, pulled** faces to cheer up the boy. They're **pretty,** but I'm sure that **Polar** bears and **Pandas** should not be here," **Penelope** said to **Pete.** 'And I presume **pumas** and **panthers** don't mix with **peacocks** and the **pale python** is **prowling** for something to eat!

They set off for the **pool** to cool down for a while. They watched others as **played** and splashed in the water. A **pedestrian** that had **peered** at them

having such fun couldn't swim **properly**,
so **Penelope** and **Pete** taught her.

Then off to the **playhouse**,
for **productions** and acting
out **premier plays** for a crowd.

What a laugh they had **performing poems** and songs on the **piccolo** and feeling **pleased** at the end they both bowed.

From a **prestigious penthouse**, they **proudly** looked down below and **pointed** at the **phenomenal places**. They watched **pigeons parachute** from a **plane** in the sky and a **platoon** of **penguins** being **put** through their **paces**.

Coming to the end of their **prize-winning** day, they felt sad, oh that's a **pity**.

**Pete** saw some 'pedalo' boats on the **pond** and **paddled** out for some last fun in the city.

They hitched a ride on a **pony** and watched
a **padre paint poppies** as they passed.
They **picked up pumpkin pie** for their supper.
Can we **please** go home now? **Penelope** asked.

Oh Pen, think of those **pals** and
**persimmons** and **perfume** and **pianos**
we missed, **prompted Pete** as he rested his head.
Don't worry, we've **plenty** of P words to **put**
in the **pot** and Penelope peacefully
snuggled down in her bed!

# The End

# My Very Own 'P' Words:

_____

_____

_____

_____

_____

_____

_____

_____

_____

_____

# Glossary

Page 1 : **Promptly** : quickly, at once, without delay
**Penelope** : a girl or woman's name
**Pushed** : to press against something to move it away
**Purple** : a color
**Polka** dot : a round spot or dots to form a pattern
**Pajamas** : clothes worn for sleep, or in bed
**Pockets** : a shaped piece of fabric attached inside or outside a garment and forming a pouch used especially for carrying small articles
**Play** : to exercise or include oneself in diversion, amusement, or recreation

Page 2 : **Packages** : a container, as a box or case, in which something is or may be put into
**Pencils** : a slender tube of wood, metal, or plastic with a core or strip of graphite or a solid coloring material used for writing or drawing
**Pens** : any of various instruments for writing or drawing with ink or a similar substance
**Ps** : a letter

Page 3. **Pet** : any domesticated or tamed animal that is kept as a companion and cared affectionately.
**Pangolin** : any mammal from Africa and Asia with a covering of broad, overlapping, horny scales that feeds on ants and termites.
**Pete** : a boy or man's name
**Positive** : confident about something, fully assured

Page 4. **Passed** : to move past; go by
**Peculiar** : unusual
**Porcupine** : a rodent mammal covered with stiff, sharp, pointy spines or quills
**Pointed** : to indicate position or direction, as with the finger or long stick

Page 4 (continued) : **'Possum** : slang for opossum - a marsupial, the female having an abdominal pouch where its young are carried, noted for the habit of feigning death when in danger.

**Platypus** : a small, water-dwelling, egg-laying mammal that lives in Australia and Tasmania, and has a sensitive bill resembling that of a duck

**Polecat** is a common name for mammals the only polecat species native to the British Isles has a dark mask-like marking across the face.
In the United States, the term *polecat* is sometimes used for the black-footed ferret,

In Southern United States dialect, the term *polecat* is sometimes used as a nickname for the skunk
Despite their common name, polecats are more closely related to dogs than cats,

**Pekinese** dog : a breed of dogs from China with a smushed face and long silky coat
**Prancing** around : to walk with a little bounce in one's step

Page 5. **Perfect** : without flaws, excellent,
**Philippines** : a country

Page 6. **Post office** : where mail is received and sent
**Presents** : a gift here
**Purchased** : when something is bought with money or other valuable goods
**Papa** : tender word for dad or grandfather

Page 7. **Parcel** : a small package
**Puzzles** : a game with pieces that are fit together to make a picture, a problem to amuse by presenting difficulties to be solved by ingenuity or patient effort.
**Popcorn** : food made by heating corn
**Peanuts** : food

Page 8. **Paulie** : a boy or male name
**Parrot** : a bird of with hook-bills, often brilliantly colored
having the ability to mimic speech and often kept as pets.
**Peachy** : a name of a pelican in this book
**Pelican** : any of several large, fish-eating birds
having a large bill with a distensible pouch.
**Patient** : waits without complaint, bearing annoyance,
misfortune, delay, hardship, pain, and more calmly
and without complaint or anger
**Purely** : totally in this sense and little book
**Postcard** : a small card to write a note on
to send in the mail
**Portrait** : a drawing of something or someone

Page 10. **Paraded** : to walk up and down on or in, march
**Purse** :  a small bag for personal items
**Pink** : a color
**Pears** : food, fruit
**Polo** neck pullover
**Pants** : clothes worn on legs
**Patches** : small pieces of fabric used to sew over
a hole or blemish on another fabric

Page 11. **Posed** : stand still for a picture, stand special
**Photo** : a picture of something or someone
**Played** : to exercise or engage in a fun and enjoyable activity
**Peek-a-boo hide** : a game where the players cover their
eyes and then open them and look at the other player
**Picked** : to choose something
**Pansies** : colorful flowers
**Public** : out where people are, not at home
**Playing** : to exercise or engage in a fun and enjoyable activity
**Pretending** : not real, fantasy, make-believe
**Patrons** : the people who buy things or services
somewhere, here it is the post office

Page 12. **Pop** : to enter quickly here
**Pepe's** : a man's name
**Pizza** : food in a pie shape with cheese and toppings
**Pasta** : food, spaghetti
**Pancakes** : food, flat sweet cakes made with flour
**Peaches** : food, fruit
**Parakeet** : a small colorful bird
**Pouring** : to send a liquid or anything in loose particles
from one container to another, or into, over, or on something
**Pitcher** : a container for drinks, usually
with a handle and spout or lip
**Polystyrene** : a clear plastic or stiff foam cup or container

Page 14. **Paused** : stop and wait for a short time
**Plotted** : to make a plan
**Path** : a way to go on
**Printed** : to apply ink letters to paper
**Paper** : a thin sheet made from wood used
for writing or printing

Page 15. **Pictures** : a visual representation of a person,
object, or scene, as a painting, drawing, photograph
**Picturesque** : having pleasing or interesting qualities

Page 16. **Position** : in reference to place, location, or situation.

Page 17. Tea **party** : a time together when kids drink tea
**Pampered** : to treat or gratify with extreme or
excessive indulgence, kindness, or care
**Pupils** : students
**Primary school** : ages 4 to 8 years old
**Picnic** : having food outside, an outing where kids
carry food with them and share a meal in the open air
**Previously** : before, prior
**Planned** : arranged, organized, or done in
accordance with a plan:

Page 18. **Petting** : to touch lightly and repeatedly
**Paid** : to give money in exchange for something
**Passes** : a paper or ticket that says you
are allowed to come into an area

Page 19. **Packed** : here means having many present
**Piglets** : baby pigs
**Prairie dogs** : little rodents that burrow and are found
in North American prairies, they make a bark-like noise
**Pigmy goats** : small goats
**Presenter** : here - referring to the news person
talking about these animals

Page 20. **Petite** : smaller than average
**Pierre** : a boy or man's name
**Paris** : a country
**Pterodactyl** : a dinosaur toy
**Peccaries** : any of several medium-sized, bristly,
piglike mammals of North and South America
**Pablo** : a boy or man's name
**Patu** : a boy or man's name, means wise in Peru
**Peru** : a country
**Pulled faces** : to twist your face to make a 'funny face'
**Pretty sure** : attractive, nice to look at, pleasant
**Polar bears** : white bear who lives in very cold places
**Pandas** : black and white animal that looks like a bear
**Presume** : to take for granted, assume, or suppose
**Pumas** : large wild cat
**Panthers** : large wild cat
**Peacocks** : a colorful bird with a large fanning tail
**Pale** : light in color, very little color
**Python** : a large and dangerous snake
**Prowling** : to walk slowly looking for things, crouched walk

Page 22. **Pool** : area with water to play in
**Played** : having fun
**Pedestrian** : someone walking
**Peered** : to look with squinted eyes, look intently

Page 23. **Properly** : the right thing to do, the correct way

Page 24. **Playhouse** : a small structure for children
be with other children and have fun in
**Productions** : the act of putting on a show or play
**Premier** : the first time being performed
**Plays** : a story by actors in person

Page 25. **Performing** : to act in a play or to do something
**Poems** : a special writing with meaning or rhyme
**Piccolo** : a musical instrument
**Pleased** : happy with something or someone

Page 27. **Prestigious** : having a high reputation,
honored, esteemed
**Penthouse** : any specially designed apartment on
an upper floor, especially the top floor, of a building
**Proudly** : feeling pleasure or satisfaction over
something regarded as special to oneself
**Phenomenal** : extraordinary, special
**Places** : locations
**Pigeons** : birds
**Parachute** : a folding, umbrellalike fabric
device with cords supporting a harness

or straps for allowing a person, object, package,
or pigeons to float down safely through the air
from a great height, especially from an aircraft
**Plane** - an aircraft, something that flies in the air
**Platoon** : a group, special group
**Penguins** :
**Put** : to place something somewhere
**Paces** : regular activity, predictable activity

Page 29. **Prize-winning** : something that has won a contest, the best

**Pity** : kindly sorrow because of suffering, distress, or misfortune of another, often leading one to give relief or aid or to show mercy

'**Pedalo**' - A **pedalo** (British English) or paddle boat is a human-powered watercraft propelled by the action of pedals turning a paddle wheel

**Pond** : small body of water

**Paddled** : to use one's own strength to move, to propel, or travel in a canoe or the like by using a paddle

Page 31. **Pony** : a small horse

**Padre** : Spanish word for Father / priest

**Paint** : to use a brush to apply color to an object or artwork

**Poppies** : flowers

**Passed** : to go by

**Picked up** : to take into your hands and lift up and carry away

**Pumpkin pie** : food, desert

**Please** :

Page 33. **Pals** : friends

**Persimmons** : flowers

**Perfume** : nice or pleasant smelling liquid applied to the skin to allow fragrance

**Pianos** : musical instrument

**Prompted** : uttered, given, or done in response to something, as to a suggestion, cue, event

**Plenty** : enough, good supply

**Put** : to take something from somewhere and place it somewhere else

**Pot** : a large round container to place things in

**peacefully** : without chaos or upset, quietly, nicely

Paula Curtis-Taylorson Lives in Marston Mortaine England. She is a full-time secondary school teacher of English and English Literature. She was amongst the first of the initial students to graduate from the Uk's first BA (Hons) Creative Writing Program at the University of Bedfordshire.

Her first love is poetry and rhyme and she works hard to inspire and teach appreciation of the subject to all age groups. Many of her students have gone on to be successful writers.

キース・ジョンストンの
# 「シアタースポーツ™」
ガイド

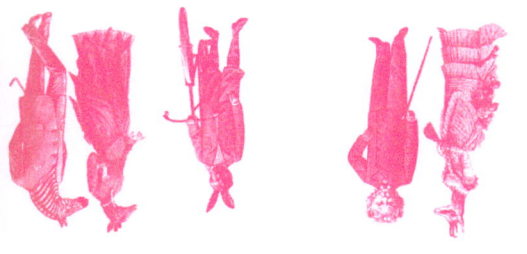

International
Theatresports
Institute

表紙写真：
テアトロ・アモッラ（Teatro A Molla），
ボローニャ，イタリア
📷 Gianluca Zaniboni

次ページ写真：
ルースムース・シアター（Loose Moose
Theatre），カルガリー，カナダ
📷 Breanna Kennedy

2017年発行：国際シアタースポーツ™協会（ITI）

215 - 36 Avenue NE, Unit 6 ｜ Calgary, AB ｜ T2E 2L4 ｜ CANADA

このガイドブックは、もともとITIの上演権を持つ会員のために無料で
制作されたものですが、現在は非会員の方にもご利用いただけます。

上演権をお持ちでなく、シアタースポーツ™の上演を希望される場合
は、こちらからお申し込みください。
admin@theatresports.org.

Translate team: Yuri Kinugawa, Oshow, Kaori Ibuki, Haruko Sannomiya
レイアウト：Dagmar Bauer konzipiert & gestaltet, Stuttgart, Germany
イラストレーション：fotolia.com

# 内容

# はじめに

このガイドが、シアタースポーツ™をプレイするための、情報や着想の源としてお役に立てれば幸いです。

このガイドは、これから始めようとしているグループへの指導、正しい方向に進んでいるかどうか分からないグループへの指示、長く公演を行っているグループへの進捗状況や発展状況の確認のために作成されました。

ここでは、シアタースポーツ™の歴史、上演に必要なスキル、コンセプトの背後にある精神と理論、フォーマットを実行する際の構造、構成要素、それらの組み合わせ方に関する実践的な情報などを提供します。またキース・ジョンストンの名言や本からの引用、グループでのディスカッションのヒントになるような提案、シアタースポーツ™の興味深いメモなど、シアタースポーツ™を成功させ、楽しくプレイするために役立つ情報を随所に掲載しています。

このガイドのほとんどの資料は、キース・ジョンストン氏のクラスやニュースレター、著書『Impro For Storytellers』に書かれたシアタースポーツ™に関する文章、彼との個人的な会話を通して、彼から直接得たものです。さらに、シアタースポーツ™を何十年も実践し、過去40年以上もキースと一緒に仕事をしてきたインプロバイザーたちが、追加の資料と解説を提供しています。彼らの中には、国際シアタースポーツ™協会 (ITI)の理事や、過去に理事を務めていた者もいます。

東京演劇大学連盟
(Tokyo Federation of Theatre Universities)
ImproJapan

ここにはインプロヴィゼーションについての考察もありますが、主にシアタースポーツ™に焦点を当てています。インプロヴィゼーションのスキルは、キース・ジョンストンのような知識のある指導者たちや、さまざまな資源を使って、継続的に学んでいくことをお勧めします。

### 書籍
インプロ 自由自在な行動表現
(多くの言語に翻訳されています)
IMPRO FOR STORYTELLERS
keithjohnstone.com/writing

### DVD
Impro Transformations
Trance Masks
keithjohnstone.com/video-1

### ワークショップ
ルースムース・シアター・インターナショナル・サマースクール
loosemoose.com
ITI 推薦のインストラクター・リスト
impro.global
ITI 加入カンパニー (トレーニング・プログラムを持つカンパニーもあり)
impro.global

1977年以来、世界の何千人もの人々が見いだしてきたシアタースポーツ™の楽しさ、インスピレーション、大きな可能性を、あなたも見出すことができますように。

**ITI - Inspiring The Improvisor!**
**インプロバイザーを触発します!**

ご存知でしたか?
シアタースポーツ™は、
南極を除くすべての大陸、
60カ国以上で上演されて
いるんです!

あなたはインプロバイザー (improviser 訳者注；即興劇を行う者を示す) として、常に成功しようとするのではなく、奇跡を求めてリスクのある行動をします。

ベストを尽くそうとしないで。他者を良く見せようとしましょう。そうすれば、自分も良く見えます。

間違ってもハッピーでいよう。

## キース・ジョンストン

キース・ジョンストンは、1933年イギリスのデボンに生まれました。彼は学校が嫌いで、学校は自分の想像力を失わせるものだと感じながら育ちました。自発性や創造性の抑圧に対抗するための、彼の初期の戦略は、大学への入学を拒否されたときに、教員養成学校に入学することでした。彼の開発した技術は「平均的」や「教育しようがない」と分類された子供たちが通うバタシーの総合学校で応用され、成功を収めました。これは紛れもない事実でした。

学校の部門責任者は、キースが教職に就くには「不適切なタイプ」と考え、積極的にキースの雇用を終了させようとしました。幸いなことに、教育当局の定期検査の際にキースのクラスを監査した検査官は、彼のやり方と成果に感銘を受け、本部長は彼が独自の教育法を開発し続ける自由を認めるように強く指示しました。その後キースは「先生が禁止していること (変な顔を作るゲームなど)」をリストアップし、シラバスとして活用するようになりました。

1956年、ロイヤル・コート・シアターから芝居を依頼された彼は、1966年まで同シアターに在籍し、劇作部門の非公式な責任者、演出家、演技教師、最終的にはアソシエイト・ディレクターとして活躍しました。初期のクラスでは、学校教育が自分の想像力に与えた影響を疑問視し、教師から教わったことを逆手に取って、より自発的な舞台俳優を生み出す試みを始めました。キースは次のように書いています。「私が教え始めたとき、私の先生がやっていたことを、すべて逆にしたのは、当然のことでした。俳優たちに変な顔をさせ、お互いを罵らせ、常に見る前に跳び込ませ、叫び、怒鳴り、あらゆる種類の不作法をさせました」。劇作家が書けなくなった状態を克服し、俳優がより自発的に活動できるようにするために、一連の即興的なエクササイズを開発したのもこの頃です。

彼は1960年代に劇団「シアターマシーン (The The-atre Machine)」を設立し、即興グループとしてヨーロッパや北米をツアーし、カナダ政府に招かれて、EXPO67でパフォーマンスを行いました。彼は1970年代に、カナダのアルバータ州カルガリーに移住し、1977年にルースムース・シアター・カンパニーを複数人と共同で設立しました。

スティーブ・ジャランド (Steve Jarand)

その間に、世界的に認識されている即興フォーマットであるゴリラ・シアター™ (Gorilla Theatre™)、マエストロ・インプロ™ (Maestro Impro™)、ライフ・ゲーム™ (Life Game™)、シアタースポーツ™ (Theatresports™) が生まれ、進化していきました。これらは、1970年代後半から60カ国以上で行われています。現代の即興コメディの定番であるテレビ番組「Whose Line Is It Anyway? (イギリス、アメリカ)」、「De Llamas (オランダ)」、「Improv Heaven and Hell (カナダ)」などは、シアタースポーツ™が発想の源となって生まれました。

彼はカルガリー大学の名誉教授であり、執筆した数多くのエッセイ、記事、上演作品は、ヨーロッパ、北米、アフリカ、南米で上演されています。中でも著書『インプロ (Impro)』と『インプロ・フォー・ストーリーテラー (IMPRO FOR STORY-TELLERS)』は、多くの言語に翻訳され、演劇界の内外や文化の違いを超えて、多くの観客を獲得していることで知られています (最近ドイツでは、彼の著作がスタニスラフスキーを凌駕したと言われています)。

スタンフォード大学には、オリジナルの戯曲、文章、書簡、演劇資料、ジャーナル、アートワークなどで構成される「キース・ジョンストン文書」があります。コレクションのハイライトは、『インプロ』と『インプロ・フォー・ストーリーテラー』の初期の章の原稿と、デル・クローズ、ピーター・コヨーテ、サミュエル・ベケット、ハロルド・ピンター、アンソニー・スターリング、ロイヤル・コートの同僚、シアター・マシーンのメンバーなどから、キースに宛てられたものを含むオリジナルの手紙です。

資料

## 人名録

テレサ・ロビンス・デュデック(Theresa Robbins Dudeck)著
『Keith Johnstone - A Critical Biography 』
### キース・ジョンストン文書
「キース・ジョンストン文書」に関するご質問、ジョンストンの
文学作品に関するお問い合わせは、キース・ジョンストンの
文学的執行者であるテレサ・ロビンズ・デュデックまでお願
いします。
trdudeck@gmail.com
theresarobbinsdudeck.com

キース・ジョンストン

それはプレイをする (playing) というものです。それは遊ぶこと・演劇 (a play) です。
あなたはプレーヤー・演者 (player) です。それを考えましょう。

## 国際シアタースポーツ™協会 (ITI) について

国際シアタースポーツ™協会 (I.T.I.) は、1998年に設立されま
した。これはキース・ジョンストンが、シアタースポーツ™と
いう遺産を託した民主的な組織です。ITIは、キース・ジョン
ストンの作品に対して共通の情熱を持ったグループおよび
個人の会員組織です。
ITIの目的は以下の通りです。
1. キース・ジョンストンのフォーマット (Theatresports™、
Gorilla Theatre™、Maestro Impro™) に関して、世界で最も
信頼される権威であり続けること。
2. 会員が生き生きとした活動を行い、お互いが共有できるコ
ミュニティを作ること。

1つ以上のフォーマットを行うグループに関して：シアタース
ポーツ™、マエストロ・インプロ™、ゴリラ・シアター™のうち、1
つ以上のフォーマットを上演するグループは、上演権を申請
し、承認されると上演が可能となります。上演権料は非常に
安価で、GDPの低い国には優遇措置があります。教育機関
も上演許可を得る必要がありますが、料金は発生しません。
ITIはフォーマットの権利を管理し、インプロヴィゼーション
に関する学習と開発のための資源を提供します。上演権料
は、ITIの運営とメンバーの支援に充てられます。キース・ジョ
ンストンは、シアタースポーツ™の著作権使用料を受け取る
ことを、常に拒否しています。シアタースポーツ™の上演権
料は、すべてITIと会員グループの開発と支援に使われます。

ITIは、キースの作品である即興スキル、ゲーム、シ
アタースポーツ™ の 使用方法 について支援し、質
問に答えます。下記まで、遠慮なくご連絡ください。
admin@theatresports.org.

シアタースポーツ™はインプロヴィゼーションにおいて、初めて国際交流を
可能とするフォーマットです。シアタースポーツ™という共通言語を使っ
て、世界中のグループが初めてお互いに会話を始めたのです。
**by ランディ・ディクソン (Randy Dixon),
アンエクスペクテド・プロダクション (Unexpected Productions)
シアトル, アメリカ**

# シアタースポーツ™の背景

## シアタースポーツ™とは？

東京演劇大学連盟
(Tokyo Federation of Theatre Universities)
📷 ImproJapan

シアタースポーツ™は、キース・ジョンストンの芸術的創造物であり、インプロヴィゼーションを基本とした演劇形式です。この形式は、パフォーマーと観客を楽しませ、教育するものです。表面的には、プロレスのように錯覚的な闘争を伴う、チームに基づいた「シアター対抗戦」です。観客の前でパフォーマーは、勝つことにこだわりがあるように見せます。しかし内心には、自発的なスキル、ストーリーテリング、協力的な演技を通じて、ダイナミックで面白い演劇を作りたいという相互的な願望があります。シアタースポーツ™は、笑いあり涙あり、スポーツイベントのような興奮と思考を引き起こすことができます。そして観客を魅了し、楽しませるのです。

## シアタースポーツ™ の起源

ルースムース・シアター
カルガリー, カナダ
(1981年頃)
📷 by デボラ・イオッチ (Deborah Iozzi)

ルースムース・シアター
カルガリー, カナダ
(1981年頃)
📷 by デボラ・イオッチ (Deborah Ioz

Keith Johnstone - Impro For Storytellers pg. 1/2

シアタースポーツ™は、プロレスから着想を得ています。当時プロレスの試合は映画館（スクリーンの前）で行われ、苦悩の表情は「前のめり」に演じられましたが、演劇人は誰も、それがリアルだとは信じませんでした。しかしレスリングは、私が見たことのある唯一の労働者階級の演劇であり、観客の高揚感は、私が憧れていた「ストレート」な演劇には得られなかったものでした。レスラーを即興パフォーマーに置き換えることを空想しましたが、公共の舞台でのすべての言葉や仕草は、女王陛下の侍従長の許可を得なければなりませんでしたので、それは「不可能な夢」でした。来英したロシア人に「自由がない」ことを嘆かれるのは恥ずかしい気持ちがしました。私は公共の場でコメディーのクラスを行っていたのですが、侍従長はその話を切り出すのを嫌がりました。即興演劇のチーム対抗戦であるシアタースポーツ™は「教育」としては見せられなかったのです。カナダに引っ越すまでシアタースポーツ™は、即興演劇のクラスを盛り上げるための手段でしかありませんでした。

## 世界的なシアタースポーツ™の爆発的なひろがり

1950年代後半にキースは、ロイヤル・コート・シアターのクラスでシアタースポーツ™の基礎を探究し、60年代には、シアターマシーンというグループと共に、ヨーロッパ各地の観客の前で、試験的な公演をしていました。現在、私たちが知る「シアタースポーツ™」は、1977年にカルガリーで「ルースムース・シアターカンパニー」を結成することになる大学生のグループによって初めて公開されました。これはすぐに事件となりました。観客は自分たちが見ているものを信じられませんでした。大胆不敵なパフォーマーたちが、大きなリスクを冒して、何もないところからショーを創り出していたのです。劇場内は熱気に包まれ、ショーは完売しました。新しいショー

の噂は広まり、シアタースポーツ™のカンパニーがあちこちに結成され始めました。この形式は、キースの評判と国際的な指導によってさらに広まり、やがて、ルースムース・シアターには「キースからもっと学びたい。シアタースポーツ™についてもっと知りたい」という海外からの人々が多数訪れるようになりました。これらの多くがシアタースポーツ™を自国に持ち帰り、爆発的な広がりを見せたのです。

このフォーマットの急速で熱狂的な普及によって、変化が現れ始めました。

Keith Johnstone - Impro For Storytellers pg. 23

*私とほとんど接触がない人たちが「シアタースポーツ™」を演じるとき、あなたはコピーのコピーを見ているのかもしれません。そして、一歩一歩「より安全」に「よりバカバカしく」なっていることでしょう。*

口伝で教えらえたため、誤解や情報不足から、このような翻案が行われることもありました。新しさゆえに、より簡単なものを選ぼうとしたのだと思います。しかしその結果、キースの作品の重要な要素である「失敗のリスク」が減少することも少なくありません。リスクを取り除くと、フォーマットの創造的なビジョンが変わってしまうのです。

例えば、よくある変更点は次のようなものでした。
・コンテンツの大部分を占めるシーンを、ゲームに置き換える。
・競技に重点を置き、演劇や物語に重点を置くのをやめる。
・ホーンをなくす。
・ジャッジにおかしなコスチュームを着せたり、キャラクターを作ったりして、ジャッジをエンターテインメントの一部にする。

失敗に直面したときの個人的なリスク、物語性、サポートをすることは、シアタースポーツ™とジョンストンのインプロ・シス

テムに不可欠な要素です。

シアタースポーツ™で認めている、インプロヴィゼーションのスタイルを改造をして上演する人は、それがいかにフォーマットを弱めているかに気づいていないのかもしれません。これは、グループが学ぶためのリソースを見つけることに苦労していることからも理解できます。「なぜ?」や「どのように?」という重要な問いが出てこないのです。

このガイドは、そのような疑問に答え、シアタースポーツ™の本質的なコンセプトを理解していただくことを目的としています。経験の有無にかかわらず、グループや個人が、オリジナルのアプローチの創造的な目的に、再びつながるきっかけとなることを願っています。

**インプロヴィゼーションは違法?!**
**信じられない。**
**でも本当です!**
イギリスでは演劇は検閲されていました。イギリスでは、公共の場での、即興パフォーマンスは違法でした。それは検閲するための台本がなかったからです。今でも、政府の検閲に対処している即興劇団もあります。

13

競技形式を教えるときには、いつもパントマイムの綱引きや、「S」を使わないゲームから始めることにしています。舞台上の競争を盛り上げることで、インプロバイザー同士の対立を減らすことができるのです。

**ジェフ・グラッドストーン（Jeff Gladstone）, バンクーバー, カナダ**

キース・ジョンストン

本当のシアタースポーツ™は、シアタースポーツ™をコピーしたものよりも面白く、時には意義深いものになることがあります。重要なのは、物事を実現すること。つまり、ストーリーテリングです。
ストーリーテリング、良い気分で（good nature）、主張をする表現にはスキルが必要です。観客の提案で舞台に上がってゲームをするのは、大した成果ではありませんし、結局は演者にとっても観客にとっても満足できるものではありません。

**ご存知ですか？**

シアタースポーツ™の爆発的な普及により、多くの都市ではインプロヴィゼーションという言葉を聞く前に このタイトルを耳にしていたのです。世界のいくつかの場所では、「シアタースポーツ™」は今でも「インプロヴィゼーション（IMPROVISATION）」の概念と同じように使われています。しかし、すべてのインプロヴィゼーションがシアタースポーツ™というわけではありません。「インプロヴィゼーション」は、「シアタースポーツ™」というショーの形式中に使われるスキルです。

## オーストラリアでのエピソード

 私たちが初めてシアタースポーツ™を上演したとき、即興のトレーニングには意味があると思いましたが、パフォーマンスには意味がないと思っていました。なぜなら出演者たちがアンサンブルの一員として最高のショーを作るのではなく、競争したいという人間の欲求を克服することができていなかったからです。さらに司会者が上演時間の半分くらいを使い、チームやシーンの紹介をしていました。ところがショーの最初の盛り上がりが終わると、観客の関心は薄れていきました。やがて観客動員数が減ってきたので、カンパニーとして何かを変えなければならないと思いました。最終的には、理論と実践のギャップを埋める方法に関して適切な指導とトレーニングを受けることができました。観客との関係を理解し、多様性と発見を維持するための戦略を理解し始めました。ショーには新人もベテランも入る余地があり、全員が映えるようなフォーマットを学びました。そして私たちは、今までと同じショーの時間内に、今までの2倍のシーンを演じることができたのです! 出演者は以前よりも演じることが2倍好きになり、観客は2倍になり、観客は毎年シーズン観にきてくれるようになりました。私たちはそれぞれ地域ごとにちょっとした癖がありますが、今ではしっかりとした基盤があります。

ニック・バーン(Nick Byrne), インプロ アクト (Impro ACT), キャンベラ

ラピッド・ファイヤー・シアター（Rapid Fire Theatre）, エドモントン, カナダ
📷 by マーク・ジュリアン・オブジュワ (Marc Julien Objois)

ルースムース・シアター（Loose MooseTheatre）, カルガリー, カナダ
📷 by ケイト・ウェイア(Kate Ware)

テアトル・ナショナル（Teatrul National）, ガルグ・ムレス, ルーマニア
📷 by クリスティーナ・ガンジ(Christina Ganj)

## シアタースポーツ™が実現できること

Keith Johnstone - Impro For Storytellers pg. 24

シアタースポーツ™で実現できることは：
- 見られることへの普遍的な恐怖を和らげる。
- 「つまらない人」を「すばらしい人」に変える（ネガティブな人をポジティブな人に変える）。
- 対人関係のスキルを向上させ、人との関わり方を生涯にわたって学ぶことができる。
- すべての分野で「機能的であること」を向上させる（蛇足ながら書いてある通り）。
- 物語を語るスキルを身につける（これはほとんどの人が思っている以上に重要）。
- 演劇の表面的な部分だけでなく、演劇の骨組みの部分にも親しんでもらう。
- 舞台を表現者のものとして取り戻す。
- 観客が直接意見を述べたり、表現者と一緒に即興で演じることができるようにする。

ベイエリア・シアター・スポーツ (BATS), サンフランシスコ, アメリカ
by ステファニー・プール 📷 by Stephanie Pool

数十年にわたり、シアタースポーツ™とそれに関連する即興のテクニックは、社交性、グループ・ダイナミクス、創造的思考、パブリックスピーキング、リーダーシップ・スキルの分野において、パフォーマーや非パフォーマーをトレーニングするための有用なツールとなっています。ライティングやストーリーテリング、コミュニケーションにおける自信とスキルを養います。協調性とチームビルディングを強化します。間違いや失敗を学習プロセスの健全な要素として受け入れる必要性を教えることで、リスクを冒すことに伴う不安を軽減し、個人がより自由に探求できるようにします。俳優が直感を働かせ、権威に疑問を持ち、強い選択をし、感情的に反応し、先に行動し、後に正当化するように訓練します。

自分のエゴは家に置いておきましょう。
**ルースムース・シアター (Loose Moose Theatre)**
**カルガリー, カナダ**

## 内容

シアタースポーツ™について一般的な、そして妥当な誤解は、ショーが主にインプロ・ゲームを行うことに焦点を当てているというものです。実際のシアタースポーツ™のショーには、ゲームはほとんど、あるいは全く行われないこともあります。インプロヴィゼーションは、シアタースポーツ™で見られるような一連のゲームを通して教えられることが多いために、シアタースポーツ™はゲームをプレイすることに主眼が置かれていると考えるのは、確かに理解できます。実際シアタースポーツ™は、スポーツの要素を取り入れたインプロヴィゼーション演劇と語りの夕べで、観客にダイナミックな雰囲気をもたらします。ゲームはバラエティに富んだものでありますが、ショーの大部分を占めるものではありません。キースと仕事をしたり、キースから影響を受けたカンパニーは、マスクやパペットなどの演劇的要素を舞台に登場させたり、動き（ムーブメント）、道化（クラウニング）、本物の感情などの要素を探求したり、歴史、宗教、社会、時事問題に焦点を当てたりすることはよくあることです。シアタースポーツ™は、これまでとは異なる形の演劇を創造しているのです。

インプロは灼熱。そして誰もが火遊びをしている人を見るのが好きだ。
**アントニオ・ヴルピオ (Antonio Vulpio)**
**テアトロ・アモッラ (Teatro a Molla), ボローニャ, イタリア**

# 重要な
# コンセプト

## はじめる前に知っておきたいこと

シアタースポーツ™を始める時には、インプロヴィゼーションのスキルやフォーマットに取り組むために必要となる適切な精神を養うことから始めると、より豊かな経験ができるでしょう。プレイヤーはお互いのアイデアを受け入れ、ストーリーを創造することを学ぶことが必要です。これらの構成要素は、ゲームやシーンに使われるもので、作品の基礎となるものです。安全でいたいと思うのは自然なことです。だからこそプレイヤーは、ストーリーを進めたり、他のキャラクターやインプロバイザーにコントロールされないように自分を守ろうと

する専門家でもあるのです。ライオンのシーンでは、インプロバイザーは「ライオンの口に頭を入れろ」と言われたら「あなたからどうぞ」と答えることが多いのです。

すぐに本番をやりたいという気持ちは強いものです。しかし、このガイドを読んだり、ITIのインストラクターに相談したり、キース・ジョンストンの文章を直接読んだりすることをお勧めします。そうすることで、それぞれのショーの構成要素を深く理解し、特にデザインされた選択肢が、シアタースポーツ™の上演にどのように役立つかを理解することができるようになります。

## スピリット

キースの作品は、インプロヴィゼーションのテクニックとパフォーマンスという特定のスタイルです。この作品の基礎は、作品のスピリット（spirit, 精神）を理解することから始まります。この「スピリット」には次のような側面があります。

- 遊びごころ
- 相手をサポートすること、相手のアイデアを大切にすること
- リスクを取ること、勇気を持つこと
- 誠実さと傷つきやすさ
- ポジティブであること
- 失敗ー潔く、ごきげんに失敗することを学ぶ
- チームワーク
- ふざけた態度（Misbehavior）

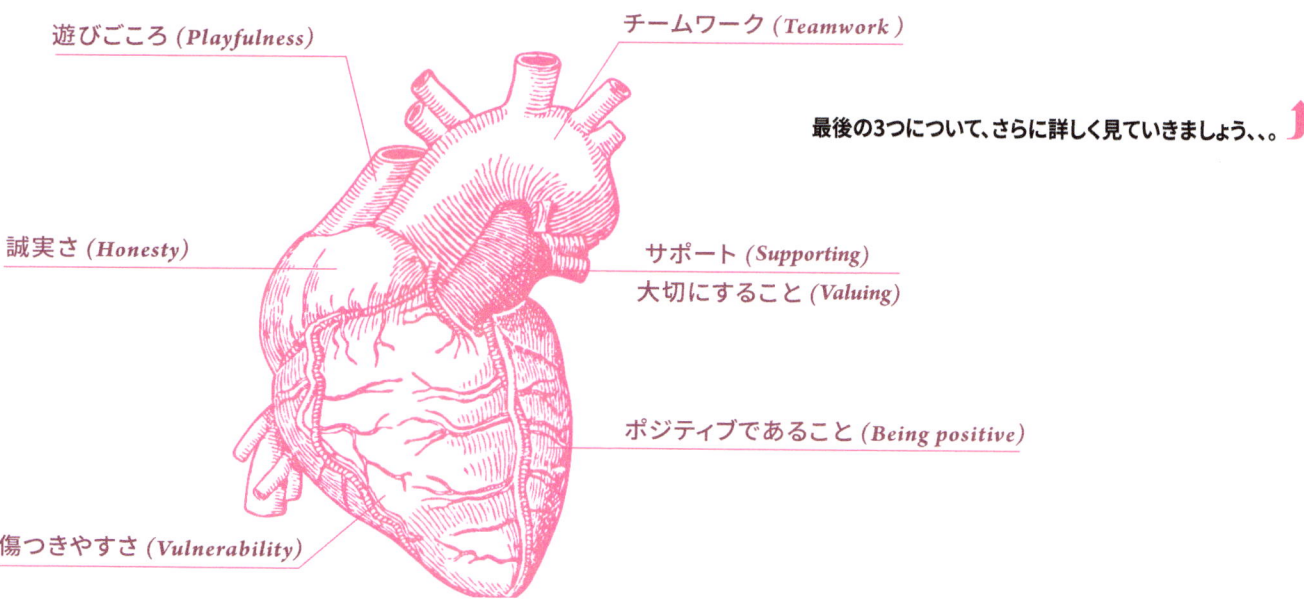

遊びごころ (Playfulness)

チームワーク (Teamwork)

**最後の3つについて、さらに詳しく見ていきましょう、、。**

誠実さ (Honesty)

サポート (Supporting)
大切にすること (Valuing)

ポジティブであること (Being positive)

傷つきやすさ (Vulnerability)

# ▶ 失敗

私たちの社会では「失敗」という概念は、判断やストレスを伴うものです。しかし、私たちは失敗を通して学ぶことを知っています。そしてリスクを取るためには、失敗するかもしれないということに備える必要があります。インプロバイザーが自由にプレイするためには、失敗を受け入れ、リスクに直面しなけ

Keith Johnstone - Theatresports™ and Lifegame Newsletter - Issue Number 1, 1989

生徒には、トレーニングの最初から顔をしかめたり、筋肉を緊張させたり、失敗したときに汗をかいたり、うめき声をあげたり、苦しんだりしないように教えるべきです。誰もそんなものを見るために、お金を払ったりはしません。それは家でできることですので。
失敗はゲーム には欠かせない要素であり、自分の寛容さや善良さを示す機会として歓迎されるべきです。失敗してもハッピーな気持ちでいれば、観客はあなたを愛すべき魅力的な人だと思い、抱きしめたり、飲み物をおごったりしたくなるものです。しかめっ面をして、怒りに満ちた表情をしていると、嫌われ者、甘やかされている、自己中心的、スポーツマンシップに反すると思われます。同じ部屋にいたくないと思うような、ウィンブルドンのチャンピオンを見たことがあります。テニスではユーモアや悪意は問題になりませんが、演劇では誰が勝つかは重要ではなく、観客は楽しい時間を過ごし、リラックスして楽しみ、パフォーマーを愛し、称賛しなければならないので、そのような振る舞いは大失敗です。

ればなりません。その結果、観客にとても特別な生き物を見せる機会を与えることができます。恐れを知らず、お人好しのインプロバイザーは、ワニだらけの穴や地獄の炎をよじ登り、普通の人なら埋まってしまうようなことにも負けず、目に喜びの輝きをたたえて、反対側に出てくることができるのです。

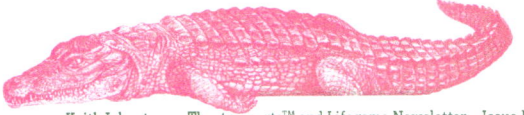

Keith Johnstone - Theatresports™ and Lifegame Newsletter - Issue Number 1, 1989

私は以前、生徒が失敗を経験しないようにすべきだと考えていました。常に正確な教材を選び、小さなステップで評価することで、それが可能だと考えていたのです。最近では、失敗の痛みに対処する方法を教えることの方が、より重要だと考えています。生徒たちには、先生のせいにしたり、笑ったり、もっと頑張ろうという姿勢を見せないようにと言っています。観客は失敗を見るのは好きですが、演者が自分を罰するのを見るのは好きではありません。失敗の価値を理解する人が少ないのは、たいてい失敗が、学習とは何の関係もない恐ろしい自己処罰に結びついていて（おそらく筋肉の緊張が学習を難しくする）、純粋に防衛的だからです。

東京演劇大学連盟
(Tokyo Federation of Theatre Universities)
📷 ImproJapan

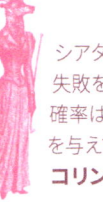

シアタースポーツ™から学んだことは、失敗を恐れないことです。特に、失敗する確率はとても高いですからね。それが勇気を与えてくれるのです。
**コリン・モカリー (Collin Mocherie)**

## ➡ チームワーク

シアタースポーツ™はチームワークを重視しています。興味深いことに、シアタースポーツ™は、チームとチームが競争しているように見られがちです。しかし実際には、チームにはパフォーマー、技術者、ボランティア、観客のすべてが含まれます。

ピクニック・インプロヴィゼーション・テアトラル (Picnic Improvisación Teatral)
ボゴタ, コロンビア
📷 by ロミナ・クルス (Romina Cruz)

そして戦うべき対象は、退屈、安全、平凡さです。勝利の報酬は、楽しさ、熱意、強くてポジティブな思い出です。インプロヴィゼーションのテクニックは、チームワークの上に成り立っています。お互いのアイデアを受け入れ、サポートし合うことで、創造的なリスクを取ることができます。それを本番で放棄してしまうことは、この支え合いを基本とした形では意味がありません。もしかしたらあるチームが、ライバルのシーンを手伝うことを拒否したことで、チャレンジに勝ち、利益を得られるかもしれませんが、結果的には、インプロヴィゼーションに逆行する信号を送ることになってしまいます。ここでは個人の栄光のためではなく、観客に良いショーを提供するために、お互いに協力し合うことに焦点を当てています。チームがショーのために相手チームを助けることで、観客は善意に満ちた体験をすることができます。観客が質の高いパフォーマンスのために毎週戻ってきてくれれば、プレイヤーはカンパニーの成功によって報われます。

## ➡ ふざけた態度

作品の精神に関連して、キースはシアタースポーツ™のフォーマットにおいて、常にバランスのとれたふざけた態度を奨励しました。観客には、週に一度、プレーヤーたちを「檻から解放された幸福で慈悲深い生き物」、時にはコントロールが少し難しい生き物として見てほしかったのです。遊びも悪さも、その悪さが善意である限りは、体験にプラスになるのです。

シーンの採点について、貶したり、真剣に議論したりするような行為は、大きなエゴを持つ人以外の利益にはなりません。ふざけた態度はショーの妨げになってはいけません。むしろ、体験を豊かにするものでなければなりません。以下に、

触発されたインプロバイザーたちのふざけた態度の例をいくつか挙げます。

・ジャッジの写真を撮ったり、ジャッジがどんなに素敵かをつぶやいたりして「ゲームを遅らせる」。
・次のシーンをプレイする栄誉を（自分ではなく）仲間のチームメンバーに与えるべきだと（ひたすら）主張する。
・チームでステージ脇で余計なシーンを始め、特別な観客のために自分たちだけの反乱ショーを行おうとする。

Keith Johnstone - Impro For Storytellers pg. 20

ふざけた態度が理解されれば、誰もが大胆になることができます。不要な間ができたときに、それを埋めるために使うのが、一番効果的だと思います。これを避けると、あなたの表現は常に奴隷的な何かがあることになります。

# スキル

インプロヴィゼーションのクラスでは、インプロヴィゼーションのテクニックについて簡略化された説明を学ぶことが少なくありません。例えば「常にイエスと言い、決してノーと言ってはいけない」などです。オファーを受け入れることは重要な要素ですが、これは単に「イエス」と言うことではありません。私たちは、プレイヤーが批判を恐れずに創造的なリスクを取れるように、サポートを促すために、受容するトレーニングを行います。この精神が身についたら、次は観客のために、そのアイデアをどうストーリーに組み込んでいくかを考えなければなりません。いまに存在すること、恐れずに創造的なリスクを取ること、失敗を受け入れること、コントロールを手放すこと、他人を完全に受け入れること、他人をサポートすることといったスキルは、日常生活では抑制されているため、育成し維持する こは時間がかかります。

ここでは『IMPRO FOR STORYTELLERS』から、基礎的な知識と関連するゲームやエクササイズを紹介します。

相手のチームと談笑したいときは、
笑いをこらえる演技をします、こころの中で。
**ニルス・ペッター・モーランド（Nils Petter Morland）**
**デット・アンドレ・シアター（Det Andre Teatret）,**
**オスロ, ノルウェー**

キース・ジョンストン

ベストを尽くさないように。なぜなら、ベストを尽くすとすぐに舞台が怖くなってしまうからです。経験豊富なインプロバイザー（あるいは登山家）がベストを尽くしているのが見えたら、それは彼らが困っているからです。

## 自然に湧き上がる／いまこの瞬間

批判されることを恐れ、好かれたいと思うあまり、私たちは次に何をすべきかを頭の中で探し続けます。何が起こっているかを見聞きすることができず、正直に反応することができず、パートナーと協力することもできません。

- ワイド・アイ - pg.205/206
- 感情的なサウンド - pg.268-270
- 感情的なゴール - pg.184/185
- ハット・ゲーム - pg.19, 156-161
- マントラ - pg.270-274
- サンドイッチ - pg.236/237

## コントロールを手放す

私たちは恐怖心と同じように、自分の身体や心をコントロールしようとします。しかし気がつくと、真実の感情や身体のリラックスを失っています。様々な方法で、プレイヤーから責任を奪うようにデザインされたエクササイズは、解放感をもたらしてくれます。

- つなひき - pg.57/58
- ワンワード - pg.114-115, 131-134, 329
- ワンボイス - pg.171-177
- ヒーセッド・シーセッド（舞台演出）- pg.195-199
- ダビング（シンクロ）- pg.171-178
- ムービング・ボディ pg.200-202

## フィジカルであること

自分の感情や欲求を説明するために話しすぎることは、インプロバイザーのよくある防御手段です。別の方法としては、知性の代わりに身体が物語を語るように、身体を使って演じることです。

- ジェスチャーを正当化する - pg.193-195
- ジブリッシュ - pg.185/186, 214-219
- 身体イメージを変える - pg.276-277
- モノとして出演する - pg.303-304
- 座る／立つ／寝る - pg.366/367

## ステイタス

ステイタスは人間関係に直結しています。私たちはあらゆる瞬間にステイタスを演じており、それを高めたり、いじったりすることで、劇的で魅力的な人間関係を明らかにすることができるのです。

- 様々なステイタスの練習 - pg.219-231
- 主人/召使い - pg.240/241
- 顔を作る - pg.162-168
- 序列 - pg.168

## ナラティブ

ストーリーテリングのスキルに長けていれば、ゲームやジョーク、ギャグに頼らず、面白い即興劇の夕べを作るために必

要なツールを即興演奏者に提供することができます。観客の目には、すべてが物語として映ります。私たちは、それを理解すると同時に、物語をどのように育て、発展させるかを考えなければなりません。
- ・さまざまなストーリーゲーム - pg.130-154
- ・次はなに? - pg.134-142
- ・タイピングゲーム - pg.151-154
- ・ワンワード - pg.114-115, 131-134, 329

即興のパフォーマンスをしているときに、危険なことや未知のことを避けようとして、ストーリーを壊してしまうことは自然と起こる落とし穴です。演出家やインストラクターは、ストーリーが進むのを避けている様子を認識し、プレイヤーが恐れずに続けることができるように支援する必要があります。

---

— ＊ —

### カナダでの話

ローマン・ダニーロは、夜のショーの終盤で、どちらのチームが勝つかを決めるダイ・ゲームに参加していました。自分のパートを続けられなかった彼は、車に轢かれて死ぬ場面をソロで演じました。すると対戦相手の選手がステージに駆けつけ、彼に緊急手術を施し、服の上から埃を払って送り出しました。会場は笑いに包まれ、それからの5分間は、双方の出演者が彼の命を救いながら、ローマンが人生を終えるというものでした。誰もこの夜の勝者を覚えていませんでしたが、遊び心のある2位のチームのフィナーレだけは覚えていました。ショーン・キンリー (Shawn Kinley), カルガリー

— ＊ —

---

## 用語集

キースは長年にわたり、ストーリーに与えるダメージや学習を妨ぐものを特定する用語を開発してきました。
以下は、キースのニュースレターからの抜粋で、用語の定義と童話「赤ずきん」の物語を使ったストーリーの例を示しています。

ショーでは、人生のあらゆる種類のものを提示しなければなりません。
**ナディーン・アントラー (Nadine Antler)**
**スティフェ・ブライス (Steife Brise), ハンブルグ,**
**ドイツ**

Keith Johnstone - Theatresports™ and Lifegame Newsletter - Issue Number 1, 1989

キャンセルをする (Canceling)
赤ずきんが家を出ようとしたら、おばあちゃんから電話がかかってきて「来ないで」と言われました。

脇道にそれる (Sidetracking)
彼女はクッキーの入ったバスケットを持って出発し、川に石を投げるために立ち止まりました。やがていかだがやってきて、彼女は飛び乗りました...など。（狼に会う以外のなにか）。

独創的であること (Being Original)
（オリジナリティは脇道にそれる）赤ずきんは、木々の間に灰色の何かが動いているのに気づき、その瞬間、タイムワープして16世紀に戻った...。

ウィンピング (Wimping)
例えば、赤ずきんは森の中で大きな、巨大な、毛むくじゃらの、灰色の、友好的な...動物...に出会った（誓って言うが、インプロバイザーはこのようにして、自分が関わっているものを特定することを拒否することで、物語の基礎を取り除いてしまうのだ）。

### 葛藤 (Conflict)
(行動を凍結するために使われる場合)「おばあちゃんの歯は大きいのね?」「私の歯がどうしたっていうんだい?」
「まあ、大きいねね!」
「鏡を見せてごらん。私の歯は大丈夫よ。」「その歯、醜い。」
「くだらない。」
といった具合。

### インスタント・トラブル (Instant Trouble)
赤ずきんが玄関から一歩踏み出すと、オオカミが彼女を貪り食った。

### ゲーム〈合意された活動〉
赤ずきんはコテージに着いて、おばあさんと一緒に、午後ずっと卓球をする。

### ヘッジング (Hedging/訳者注:確信にせまらず周囲を回ること)
「おばあさんは調子が悪くて、一人で暮らしているのよ。馬鹿げたことだと言っても聞かないの。おばあちゃんは関節炎を患っていて、自分の身の回りのことをするのが難しいのよ…」などと続けること。もしかしたら、お母さんが赤ずきんに、実際にバスケットを渡すところまではいかないかもしれません。

### うわさ話 (Gossip)
「クッキーのバスケットを持って、おばあちゃんのところに送ったのを覚えてる?」
「ええ覚えてるわ。オオカミに会ったの!」
「そう、それは暖炉の上に狼の頭を吊るす前のことだよ。」
「私はオオカミに、大きな歯があるって言ったわ」
「そして彼はあなたを食べたのよ。ヤカンが沸騰しているわ。ココアを作るわね。」
「そして彼のお腹の中にいるおばあさんに会った時は、ひどいショックを受けたわ。」

### ブロック (Blocking)
「あなた、おばあちゃんに会いに行くの? 」「私にはおばあちゃんはいないわ!」

### 否定的 (Negativity)
「いっそのことガブリとやってしまえ!」
「まぁいいわ、どうしてもというなら。神様!
オオカミって、ホントつまらないわ (この反応もギャグ)」

### ギャグ (Gagging)
(上記参照) 赤ずきんは黒帯で、オオカミを部屋中に投げつける。

お気づきのように、これらのテクニック(おそらくギャグを除いて)はすべて、ストーリーを殺すのではなく、ストーリーを高めるために使うことができます。インプロバイザーが物語に反したことをしているかどうかは、たいていはっきりしていて、練習すれば簡単に修正することができます。

アゲイン! プロダクション (Again! Productions),
パリ, フランス
📷 by ロマン・サブロー (Romain Sablou)

勝っても負けても、観客があなたの最終的な焦点です。
自尊心を傷つけられるより、いい意味でのドラマチックな喪失感の方が、観客にいい時間を与えてくれるのです。観客が勝てば、あなたは負けないのです。
**ショーン・キンリー (Shawn Kinley)**
**ルースムース・シアター**
**(Loose Moose Theatre )**
**カルガリー, カナダ**

ImproJapan
📷 ImproJapan

# ✳

## さあ
## はじめよう

### シアタースポーツ™：こっそり教えます。

Keith Johnstone – Impro For Storytellers pg. 6/7

インプロのシーン中に、学生たちがお互いに注意を向けず、おしゃべりをしていたとします。（もし相手の話を聞いていたら、自分のセリフを変更しなければならないからです）。そこで「セリフ中に、"そ"の入った単語を使ったら、ゲームは終わり」と言うことによって、生徒の発話のペースをゆっくりにさせることができます。例えばこうです。

「おはよう、お父さん。」

「昨夜は、とても遅く帰ってきたね、ジョーン！」

これは、お父さんの負けです（「おそく」という単語に「そ」が含まれていた）。もちろん、彼が注意をしていれば、次のように言うことができたでしょう。

「お前はとても、お、、、えーと、、、くれて、時間をずいぶん過ぎてから帰ってきたね、ジョーン！」

グループを2つに分けて、各ラウンドの勝者に5点を与えるなど、ルールを加えると、学生はこのゲームをより楽しむことができます。

これから、シアタースポーツ™の形式でプレイすることになります。

もっとゲームを追加します。「先にアイデアを潰してしまった方が負け」というゲームです。例えば「息がきれてますね、走ってきたの？」

「私、喘息なの、、、。」

この「喘息の発作」は、「走る」というアイデアを否定しているので負けです。

また、質問ではないセリフを言ったら負けというゲームもあります。「あなたは、私を尋問したいのですか？」

「あなたは容疑者ですよね？」

「ここに座りましょうか？」

「それは私の椅子です。」容疑者の勝ちです。

インプロ・ナウ(Impro
アデレード, オーストラ
📷 by トレーシー・デイビス
(Tracey Davis)

### クイック・スタート

#### はじめてのクラスで、シアタースポーツ™を紹介する方法

1. シアタースポーツ™のことは言わないでください。
2. 対戦型のゲームを教えます。「ハット・ゲーム」が最適でしょう。
3. 2チームに分かれてプレイすることを提案します。それぞれのチームは3人か4人です。
4. 3ステージ（上記）が面白かったら、ジャッジを追加します。
5. コメンテーターを追加します。
6. シアタースポーツ™の簡易版を行っていることを伝えます。
7. 2人のチームキャプテンに、それぞれ3〜4人のプレーヤーを選んでもらい、スコアキーパーと3人のジャッジとして任命します。（いずれは）
8. 例えば、最高の主従関係のシーン、「インド式足相撲」、最も恐ろしいシーンなど、思いつくままに挑戦してもらいます（ジャッジの判断に任せます）。
9. 「見物人に自分のチームを応援するように」とチームを促すと、とてつもない熱狂が生まれます。
10. 各ジャッジに、1から5までのスコアカードと、退屈なシーンを終わらせるために鳴らすことができるホーン（自転車のクラクション）を渡します。

11. 後日コメンテーターにマイクを渡し、「舞台スタッフ」（音響・照明を即興で行う人たち）や「スノッガー」（舞台美術家）を任命することもできます。

アイデアを少しずつ紹介していけば、生徒は自分でゲームを考えたように感じるでしょう。良い状況では、競争によって技術を向上させようとする意欲が生まれ、インストラクターは技術を習得しようとする生徒のリソースとなり、素晴らしい教育状況となります。

## 基本的なシアタースポーツ™に必要なもの

インプロバイザーたち
3人のジャッジ
・コイン
・ホーン（説明は本マニュアルの34ページを参照）
・人の頭が入る大きさのバスケット（説明は本マニュアルの37ページを参照）
・スコアカード。カードは後列の人が見やすい大きさで、カードの両面に1-2-3-4と5の番号が書かれていること。
コメンテーター・モデレーター（マイクを使用して舞台袖で説明する、スポーツの実況中継の人のような役割）
司会者・オンブズパーソン（舞台上に上がり、観客の投票を促す役割）
・マイク（必要に応じて）
スコアキーパー
・スコアボード

・ペンやチョーク、数字を貼ったり剥がしたりできるもの
パフォーマンス空間
・ステージ、できれば舞台袖や出入り口のあるもの
・チームとジャッジの場所
・家具、衣装、小道具（説明は本マニュアルのp.42を参照）
照明オペレーター
・可能であれば調光器付きの照明
音響オペレーター/ミュージシャン
・オーディオ機器、コンピュータ、楽器

心地よくショーを始めよう。やみくもな興奮よりも、つながりを大切に。

**ショーン・キンリー**
**（Shawn Kinley）**
**ルースムース・シアター**
**（Loose Moose Theatre），**
**カルガリー，カナダ**

キース・ジョンストン

オープニングは良すぎてもいけない。いくつかのミスをすること。

## あるシアタースポーツ™ ショー

### キースが典型的なゲームを説明している（1980年頃のもの）。

Keith Johnstone - Impro For Storytellers pg. 2/3

ルースムースでのシアタースポーツ™

日曜日の夜、3時02分過ぎ。ポップコーンの香りが、何か大衆的なものの前にいることを教えてくれます。オープニングの音楽が流れ、観客が歓声を上げ始めると、スポットライトが縫うように照らされます。舞台の右側の高い位置にあるスコアボードの前に立っているコメンテーターにスポットが当たります。

観客を歓迎し、リラックスしてもらうために、次のような質問をします。「あなたが最も嫌いな野菜を教えてください！」「誰にも言ったことのない秘密を誰かに話してください！」「一番近くにいる見知らぬ人をハグしてください」など（観客の皆さんがハグに同意してくれるのは驚きです）。ここでコメンテーターは、姿を出さず声だけによって、難しい点を和らげたり、細かい点を説明したりします。司会者はこの邪魔にならないように、段落ごとに話さなければならないのに対して、この声は、邪魔にならないように短くコメントすることができます。「審査員へのブーイングをお願いします！」とコメンテーターは言います。これは、観客にブーイングの許可を与えるためのものです（その気になれば）。

衣装を着た3人のジャッジが舞台を横切り、演技エリアを囲む堀の中に座ります。首には自転車用のホーンをぶら下げています（これは、つまらないプレイヤーをステージから追い出すための「レスキューホーン」）。彼らの態度は真剣そのもの。明るい人にブーイングをしても面白くありませんから。

いつもの夜、コメンテーターが紹介するのは、「ルーキーの2チームによる10分間のチャレンジマッチです。チーム「ツチノコ」に大きな拍手を！」3人か4人のインプロバイザーが、自分のチームのベンチとは反対側から駆け寄ってきます。これにより、彼らがステージを横切る様子を見ることができます。「それでは、バッドビリーズ（チーム名）に拍手を！」。チームは個人としてではなく、グループとして参加します。つまり「スター」はいません（ショービジネスすぎますので）。

## 10分間ゲーム

ザ・コート・シアター (The Court Theatre) , クライストチャーチ, ニュージーランド
📷 by レイチェル・シアーズ (Rachel Sears)

10分間ゲームは、新人インプロバイザーによる短いチャレンジ戦です　コメンテーターが、このプレイヤーたちが新人であることを説明することは、重要なことです。

### 10分間ゲームの利点

新人プレイヤーが、短時間で、安全でコントロールされたステージを経験することができます。経験とは、どんなパフォーマーでも望む最高のインストラクターです。なぜなら一般的に、新しいパフォーマーの創作物は、20年以上パフォーマンスを行っているインプロバイザーほど強度のあるものではないだろうと、観客の期待感を低下させるからです。インプロヴィゼーションは見た目ほど簡単ではないことを、観客に伝えることができます。これによって、ショーの間中、シーンワークの質が向上することが期待できます。

このゲームは、ジャッジがチャレンジを出す「ジャッジ・チャレンジ・マッチ」としても行うことができますので、初心者にも適しています。

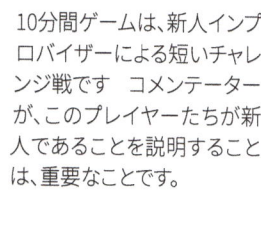

アスリートのように振る舞い、インプロバイザーのように考える。
**ニルス・ペッター・モーランド（Nils Petter Morland）,
デット・アンドレ・シアター（Det Andre Teatret）,
オスロ, ノルウェー**

Keith Johnstone - Impro For Storytellers pg. 3-5

「ジャッジと2人のチームキャプテンは中央へ」とコメンテーターが言います。
コインが投げられ、おそらく勝者が「あなたに最初の挑戦をゆずる」と言うことで、何らかの博愛心が生まれるでしょう。
あるプレイヤーが「敵の領域」に入り、「我々チーム・ツチノコは、あなたたちチーム・バッド・ビリーズに、最近上映された映画の最高のシーンのチャレンジをします！」などと言います。対戦相手は「我々は受け入れる！」と言います。

各チームは「映画」のシーンを即興で演じ（挑戦者が先に）、ジャッジは1から5までのカードを掲げてポイントを与えます。5は素晴らしい、1は悪い、レスキューホーンが鳴ったら「どうぞ舞台を降りてください」という意味です。決められた時間になるまで、次々とチャレンジが繰り出されます。
時には「1対1」のチャレンジがあり、相手チームのプレイヤーが、一緒にパフォーマンスを行います。例えば「1対1のラブシーンで、誠意と真実を判断する」などです（1対1のシーンでは、各チームから複数のプレイヤーが参加することもあります）。チャレンジは何でもよく（ジャッジの裁量による）、例えば、ブルース・マッカロク氏は「水の入ったバケツに頭を沈めていられる時間内に、完成された最高のシーンを創る」というチャレンジを行いました。

チームは、パントマイム、ジブリッシュ、詩、歌などのシーンに挑戦してバラエティのあるものを演じます。音の即興（音楽のインプロバイザー）は、雷、爆発、ブルーグラスの音楽、「ヴァルキューレの騎行」、パンクロック、「シュガープラムの妖精の踊り」、「ヴァンパイアの音楽」、恋愛のテーマ、水洗トイレなど、その時々に適切なものを提供します。

この初心者向けゲームの後には、たいてい15分間のフリーインプロが行われ、「トレーナー」がクラスを担当します（まさに私が60年代にシアターマシンで行ったように）。

# フリー・インプロ

キース・ジョンストン

インプロバイザー（特にチームに入れなかった人）を養成するための短いクラスで、観客にゲームの秘密やテクニックを教えて、喜んでもらうものです。時にはその夜の最も面白い部分になることもあります（説明は最小限に行うように。これは、決してレクチャーではありません。プレイヤーが理解していれば、観客も理解するはずです。少なくとも、指示が適用されれば）。

フリー・インプロ・セッションのリーダーは、ワークショップのインストラクターと動物園の飼育係を兼ねています。出演者は、舞台に上がりたがっている幸せなサルたちです（覚えておいてほしいのは、フリー・インプロをリードする人が「2人上がってもらってもいいですか」と尋ねたとき、立ったまま怖がっているインプロバイザーに「上がってください」とお願いするのを見るよりも、5人がステージに駆け寄って、3人を送り返すのを見る方が、ずっといいものです。あなたが見せる態度は、観客の気持ちを反映します。「怖くて緊張している」のか、「遊び心があって楽しい」のか。

## フリー・インプロには、以下のようなものがあります。

- ブロッキングとアクセプトの例 ー熱意がどのように作品に影響を与えるかを示す。
- 態度のエクササイズでは、インプロバイザーが他のキャラクターに対して強い態度をとることが、いかに面白いかを示します。（『Impro For Storytellers』pg.233を参照）
- ステイタス・エクササイズ

- マスク・ワーク
- 試合ではあまり行われないトレーニング・エクササイズの例。手を膝に（Hands On Knees）、顔を作る（Making Faces）、グループ「イエス！」（Group "Yes!"）、ワンボイス（Speaking in one Voice）など。

フリー・インプロは、若いプレーヤーの自信を高めるのに役立ちます。これは、ショーの台本のように毎晩使うものではありません。ショーのニーズに合わせて、観客とパフォーマーを成長させるためのツールとして使ってください。観客が秘密を「打ち明けられた」ときに、どれほどのつながりを持つようになるか、あなたは驚くかもしれません。

北京馬馬虎虎文化通信有限公司
中国  by ゼング・チャン（Zeng Cheng）

キース・ジョンストン

観客が正直になれるようにすること。

# デニッシュ（デンマーク）ゲーム

キースは、グループのトレーニングをデニッシュ・ゲームから始めることを提案しています。なぜなら、アレンジや管理が簡単だからです。

Keith Johnstone - Impro For Storytellers pg. 4/5

フリーインプロの後には、通常、デニッシュ・ゲーム（シアタースポーツ™の国際性を強調したかった時期に、私がデンマークで開発したことからそう呼ばれています）が行われます。

ジャッジが退場すると、「代理人（オンブズマン）」がペナルティバスケットについて説明して（まだ使われていない場合）、観客には、各組のチャレンジの後に「最も良いシーンを演じた」チームの名前を叫ぶように言います。彼/彼女は、できるだけ大きな声で叫べるように訓練します。

気取ったシアタースポーツ™のグループでは、観客に色のついたカードをかざして好きなチームを示してもらうこともありますが、大声でチーム名を叫ぶことに比べれば、根性はないですね。

→ 各組のチャレンジの後、「オンブズマン」は、観客にいま見たシーンを思い出させます（笑いは短期記憶からの転送を妨げるため）。「処刑人が囚人と駆け落ちするラブシーンの方が良かったですか？それとも、年老いた掃除夫が箒に涙の別れを告げるラブシーンの方が良かったですか？3つ数えます。1! 2! 3! 」。

勝利者には5ポイントが与えられ、新たなチャレンジが出されます。時には、もう一度叫び直したり、チーム名を別々に叫んだりしなければならないこともありますが、たとえ「デシベルメーター」などがあったとしても、絶対に使いません。一斉に叫ぶことは、精神的にも良いことです。

各チームの名前は、同じ音節数でなければなりません。そうしないと、観客が叫んだときに、長い名前の方が有利になるからです。歓声や口笛は、全員の選択を聞き取るのが難しいので、お勧めしません。

キース・ジョンストン

リスク、競争、失敗を取り除くことは、シアタースポーツから「スポーツ」を取り除くことになります。

デニッシュ・ゲームの司会者（オンブズパーソン）は、ショー全体のコメンテーターとは別人です。司会者は、デニッシュ・ゲームの説明と投票を行う別の役割を担っています。また、シーンのホーンを鳴らしたりバスケットのペナルティーを与えることもあります。コメンテーターは、スコアボードのそばで、点数を発表したり、ゲームの内容をマイクで説明したり、チームやモデレーターを紹介したり、お礼を言ったりする仕事を続けます。

## レギュラー・チャレンジマッチ

ルースムース・シアター（Loose Moose Theatre），
カルガリー，カナダ
📷 by デボラ・イッツィ（Deborah Iozzi）

レギュラー・チャレンジマッチは、一方のチームがチャレンジを出し、両チームがそのチャレンジに基づいたシーンをプレイします。
・チーム1がチーム2に挑戦します。
・挑戦するチームが、常に最初に演技します。
・チーム1がチャレンジを実行します。
・もう一方のチームは、舞台袖の目の届くところに座り、（舞台上の人に気を遣わせないように）ショーのバラエティを高めるような対応を考えます。
・チーム1が採点されます。
・チーム2はチャレンジを実行し、採点されます。

・次に、チーム2がチーム1に挑戦します。この場合も、チャレンジを出したチームが先に行います。試合の間、プレーは続きます。ジャッジは良いシーンで終わりたいようです。そのため、ショー全体の時間は柔軟に対応します。
・ショーは、勝者が発表され、チームがステージを横切り、伝統的なチームスポーツイベントのように握手を交わし、観客に手を振り、コメンテーターが「皆さんに良い夜と安全なドライブを」と願って終了します。

Keith Johnstone - Impro For Storytellers pg. 5/6

私たちの観客は、遅くとも10時には劇場を出ていきます。パフォーマンスがうまくいっていれば、素晴らしく協調性があり、失敗を恐れない、お人好しの人たちを見ていたと感じるでしょう。そんな人たちと一緒にいると癒されるし、声を出したり、応援したり、もしかしたら一緒に舞台に立つこともできるかもしれません。運が良ければ、素敵なパーティーに参加したような気分になれるでしょう。素敵なパーティーとは、アルコールの量ではなく、ポジティブな相互作用によって成り立つものなのです。

## バリエーション

シアタースポーツ™のショーでは、いろいろなバリエーションが重要です。サーカスが、死をかけた演技の前に曲芸師を登場させるように、シェイクスピアが、最も暗い悲劇に喜劇的な登場人物を加えたりするように、インプロバイザーも多様性を求めて奮闘しなければなりません。

インプロバイザーは、無意識のうちにやっていることがパターン化してしまい、一晩中、同じスタイルの内容、テーマ、ペースになってしまう危険性があるので、バリエーションを加えることを意識する必要があります。

**以下のような方法で、多様性を探してみましょう。**

・シーンの長さ：片方のチームが長いシーンをやっていたら、短いシーンを行う。

・舞台上のプレーヤー数：あるチームがソロのシーンを演じた場合、自分のシーンは、多くのプレーヤーと一緒に演じる。

・視覚的な外観：一方のチームが装置を使わない場合、もう一方のチームは家具や照明を使ってシーンを演出するか、客席に入って演出する。

・内容：ラブシーンをやったら、もう一方はラブシーンはやらない。

・質感：あるシーンが陽気なものであれば、それに続くシーンは、静かなもの、シンプルなもの、スローなもの、ドラマチックなもの、サイレントなものにする。

・すべてのシーンで笑わせようとするのではなく、ストーリーを伝えようとする。

Keith Johnstone - Impro For Storytellers pg. 9/10

チーム「ツチノコ」が舞台上に飛び出し、自分たちを紹介します。
「待って！」と私は言います。「他のチームが同じように登場したのだから、楽しさや遊び心を表現する、もっと他の登場方法があるんじゃない？」
彼らは困惑しています。
「同僚の幸運を祈って。握手をしてください。相手がボクサーで、自分がセコンドだと思えばいい。彼らにタオルをかける。ガムシールドを彼らの口に入れるパントマイムをする。その試合の"無敗優勝者"として発表する。サインをさせる。あなた方が従順では、善良さ、勇気、愛情、遊び心は伝わりません！」。
「しかし、ジャッジが私たちを催促しはじめるのではないですか？」
「そうだといいのですが（バリエーションがあるなら何でもいい）、もしそうなったらゲームを始めればいいのです！」。
ジャッジは、チームが遅すぎる場合は、カウントをして催促をします。しかし、いつもそうなるとは限りません。
ヨーロッパでは、すべてのシーンの前に、観客全員でプレーヤーにカウントコールをします。もしジャッジがやるならジャッジがやるべきです。時には5秒以上必要なチームもありますが、時間を無駄にしてはいけません。
彼らは主人と召使いのシーンを始めようとしています。
「ちょっと待ってください。舞台上にはテーブルと2脚の椅子がありますが、それは前シーンの空間演出です。空の舞台でやってみたらどうでしょう。あるいは、船を出してみてはどうでしょう。観客を舞台に呼んで、移動遊園地の歪んだ鏡にしてみたらどうでしょう」。
チームメイトが舞台周囲の堀に座って退屈そうにしている間に、彼らは家具を撤去します。
「たとえ相手が他のチームのメンバーであっても、同僚を助けることには熱心になりましょう。ここは演劇の世界であり、意地悪で"災いの印"を引きずっている日常の世界ではありません」。
チーム「ツチノコ」のシーンが始まります。
「待って！」
「今度は何ですか？」
「別のチームのシーンはお城が舞台でした。このシーンもそうです。灯台守の二人がゴルフをしているシーンはどうですか？あるいは、神が天使にマッサージされている場面はどうですか？「あの場面はどう演じればよかったのか、見せてあげよう！」と言えるほど無能でない限り、相手のやったことを繰り返してはいけません。

# シアタースポーツ™
# もっと詳しく

Keith Johnstone - Impro For Storytellers pg. 12

初めて人前で発表をするグループは、あまりにも謙虚で無防備なため、観客の心は彼らに寄り添います。しかし次回、次々回と、彼らが謙虚さのかけらもなく舞台で駆け回るようになると、観客は「自分たちは面白いと思っているのか？だったらそれを証明してみろ！」ということになり、栄光は灰と化します。初心者が傲慢さと謙虚さの間を行ったり来たりするのは、自転車に乗れるようになったときに転ぶのと同じくらい避けられないことです。

観客の前に出ることは大切なことです。どうかリスクを冒す前に、隠れたり、完璧を目指したりしないでください。残念なことに、寛容な友人の前で演じるよりも、容赦のない他人の前で演じた方が早く学べるのです。

キース・ジョンストン

今、私たちには悪いシーンが必要なのです。

社会は、完璧さ、成功、安全性を重んじる。シアタースポーツ™は自発性、失敗、そしてリスクを重視します。
**パティ・スタイルズ (Patti Stiles)**
**インプロ・メルボルン (Impro Melbourne) ,**
**メルボルン, オーストラリア**

## ショーの始まり

### 花火とファンファーレ...?
グループの中には、シーンの最初に大きな演出をして、観客を「盛り上げるべき」だと考えているところがあります。大きな始まりで興奮とエネルギーを生み出そうとするのです。

このアプローチは、あなたのインプロヴィゼーションに以下のような悪影響を及ぼします。
・スタートダッシュを「生きる」ために、プレーヤーにストレスや不安を与えてしまいます。
・この先、今夜の ショーでは見ることは無いであろう、多くの価値あるパフォーマンスを、観客に期待させてしまいます。
・観客を威圧するため、観客がボランティアとして参加するのを妨げてしまいます。
・創造的でなくてはならないという競争の形を作ってしまいます。観客は、自分の提案で、ショーに「応えなければならない」と感じてしまうことがあります。これでは、正直で、シンプルで、真実味のある提案を得ることはほとんど不可能です。
　観客が、ショーの最後よりも最初の方が良かったと感じたり、

偽りの熱狂に疲れてしまったりするかもしれません。もしそうであれば、観客は毎週戻ってくることはないでしょう。

その代わりに、コメンテーターが観客を歓迎し、インプロバイザーがリスクを取るためにステージに上がるのをサポートするような、ポジティブな環境を作ってからショーを始めましょう。

キース・ジョンストン

ほとんどのグループは、自分たちがどんなに競争的であるかを分かっていません。

## コメンテーター

これは、シアタースポーツに「ホスト」はいないため、司会やMCの代わりに好んで使われる肩書きです。彼らの仕事は、スポーツのコメンテーターのように、紹介したり、説明したり、ショーの効率を維持したり、洞察を与えたりすることです。スコアボードの脇に座り、マイクを使って話します。可能であれば、スコアボードにはスコア更新用の独立したライトがついていて、そこにコメンテーターが入ることもあります。サッカーやボクシングのように、ショーの開始と終了を担当し、イベント全体を進行する声を担当します。

コメンテーターの責任は以下の通りです。
・魅力的で効率的であること。
・観客がリラックスして楽しめるように、ショーで起こっていることを説明すること。

・プレーヤー、ジャッジ、司会者などを紹介すること。
・ショーのセクションから次のセクションへの移行を行うこと。
・必要に応じて、チームやジャッジが、次の挑戦者を把握できるようにすること。
・観客にカードが見えない場合に備えて、各シーンのジャッジの点数を発表すること。
・観客にショーの要素を説明すること。例：「退屈なシーンでは、審査員がホーンを鳴らし、プレイヤーにすぐに舞台から退出するように指示します。パフォーマンスはそのまま採点されます」。

コメンテーターは、プレイヤーと笑いや注目度を競わないようにすることが非常に重要です。

ルースムース・シアター (Loose Moose Theatre)，
カルガリー，カナダ
📷 by ケイト・ウェイア (Kate Ware)

Keith Johnstone - Impro For Storytellers pg. 9

シーンが終わって、ジャッジが点数を出すのが遅かったとしましょう。コメンテーターはどうしますか？「早くしろ」と言いますか？それではちょっとステイタスが高いですね。「そしてジャッジの点数は、、」と催促します。何も起こらなければ、ヒントを出します。静かに言います。「ジャッジの判定に時間がかかっています」。あるいは「観客が騒いでいます」。決して偉そうにしたり、攻撃的な態度はとらないようにしましょう.

## 競争

Keith Johnstone - Impro For Storytellers pg. 23

熱狂的なスポーツファンの中には「シアタースポーツ™は競争的だ」という理由で非難する人もいますが、「ストレート」な演劇は競争を奨励します。一方、信じられないような話ですが、シアタースポーツ™は、嫉妬深く自己中心的な初心者に、良い気分でゲームをすることや優雅に失敗することを教えることができます。

実際には、採点された点数を無視することは、プレイヤーにとって難しいことかもしれません。しかし観客のために競争を「演じる」こと、観客のために良い演劇を作るために、出演者全員の協力が必要であることを知るべきです。

キース・ジョンストン

ルースムースのチームは勝敗にこだわって、相手チームの創作を台無しにしていました。これは例えば、アメリカンフットボールをモデルにしていたからです。シアタースポーツ™公演は意地悪で攻撃的なものになり、観客はゼロに向かって減少していきました。そこで毎週、チームの編成を変えることで、この問題を解決しました。チームは相変わらず勝ちたいと思っていましたが、出演者たちは点数を気にしなくなり（チームの名誉のためにプレーするのではなく）、楽しむようになりました。そして観客も戻ってきてくれました。

## チーム

友達とボードゲームをするように、お互いに挑戦して、勝つことを楽しみましょう。真剣に勝負してはいけません。重要なのは、勝つことではなく、お互いに、観客に 楽しい時間を与えることです

**パティ・スタイルズ (Patti Stiles)**
**インプロ・メルボルン (Impro Melbourne),**
**メルボルン, オーストラリア**

インプロと他のパフォーマンスには違いがあります。シアタースポーツ™の主な考え方の一つは、パートナーが、常にサポートしてくれることです（舞台上でも舞台袖でも）。お互いに気づかい、お互いに相手をよく見せましょう。自分のことをあまり気にしないようになると、恐怖心が消えて、誰もがあなたと一緒にやりたいと思うようになります。

キース・ジョンストン

私が出演した公演では「出演していない」側のチームも常に舞台上にいて（「他のチームの役に立つ存在として」）、全員が舞台上にいることが"民主的"だと言われました。ルースムースではそうではありません。経験豊富な1人のインプロバイザーが、4人のチームと対戦することがあるそうです。
「観客は, 出演者がたった一人で舞台に立たされ、生き残らなければならないのを見るのが好きなのではないでしょうか?」
「それは "輝く"だろうね!」と彼らは言いました（ここでの「輝く」とは、見せびらかすという意味です）。
「しかし、注目の的になっている人間が、恐れを知らずにいるのを見るのはスリリングだ。ソロのバイオリニスト、マジシャン、ジャグラーらは見せびらかしているわけではない!」
傲慢なプレーヤーは、従順な役を演じたり、舞台袖で待機していると、失敗したと感じるのです。自分が必要とされようがされまいが、舞台に飛び出して栄光を分かち合おうとします。しかし世の中のドラマは、2人のシーンで成り立っています。3人目のキャラクターは、たいてい何らかの観客として機能しているからです。インプロビゼーションも同じではないでしょうか。全員が参加するシーンは、ルールではなく例外であるべきなのです。

## チームの登場

ルースムース・シアター (Loose Moose Theatre)
カルガリー, カナダ
📷 by ケイト・ウェア ( Kate Ware)

Keith Johnstone - Impro For Storytellers pg. 7/8

クラスでシアタースポーツ™を教えていたときのことです。チーム「太っちょネコ」とチーム「ツチノコ」がコメンテーターに紹介されて、舞台を横切って、自分たちのチームベンチに向かっていきました。
私は口を挟みます。「バラバラに単体にならないように、お互いに気を配ってください。グループに見えるように。孤立しているように見えてはいけません」。彼らはもう一度やってみます。
「よくなった!」と私は言います。「しかし、緊張しているように見えます」。もう一回挑戦します。
今度は横柄な顔になっています。「最初のあなたの方が良かったのに!」
「じゃあ、どうすればいいんですか?」
「観客が、予想以上に素敵だと想像し続けなさい。
正面を見るたびに、喜びの小さなショックを経験してください。それを「実演」するのではなく、「体験」してください。
あなたのポジティブな感情が、サブリミナルに伝わることを信じましょう」。

彼らに言います。この一週間、自分が木屑の詰まった箱に入れられていたと想像してみてください。そして今が、完全に生きている状態になれる、一度きりのチャンスだと思ってみましょう。

あるいは、こう言います。いつもよりも目を細めて入場してみてください。そうすると、ほぼ確実に敵意を抱かせることができます。そして「リバウンド」効果を狙うのです。

「もう一度入場してください。今度は目を大きく開けて！」

目を見開いた生徒は、すべてをポジティブに捉え、大きなエネルギーを放出することができます。周りの「空間」に対する恐怖心が薄れ、「自分で自分を裁く」ことをやめるようになるでしょう。生活の中で、防御を取り除くと不安が増しますが、舞台上で防御を取り除くと、不安が軽減します。

## チームの着席

プレイヤーは、舞台の脇にあるベンチにゆったりと座り、パフォーマンスから目を離さないようにしながら、他のパフォーマーを助けるために、すぐに演技エリアに入れるような距離感を保ちます。

東京演劇大学連盟
(Tokyo Federation of Theatre Universities)
📷 ImproJapan

Keith Johnstone - Impro For Storytellers pg. 3

ルースムースでは、チームが舞台周囲の深さ2フィートの堀に半身を沈ませることができます。しかし多くのグループは、待機中のチームに常に照明を当てて注目が集まるようにしたり、舞台の後方に正面を向いて座らせ、歓喜の表情をさせ続けたりしてしまいます（これは、司会者が主役で、プレイヤーはボランティアのように重要視されない「ゲームショー・シアタースポーツ™」の典型例です）。

## ステージからの退場

キース・ジョンストン

パフォーマーは、自分のシーンが終わったら、ベンチに戻ります（パフォーマーの中には、自分のパフォーマンスに一礼したい人もいますが、照明が落ちたときの観客は、すでに上演したものに対して拍手を送っている可能性が高いので非効率的です）。

## ジャッジ（審判）

テアトロ・アモッラ (Teatro a Molla), ボローニャ, イタリア
📷 by ジャンルーカ・ザニボーニ(Gianluca Zaniboni)

ジャッジは、エンターテインメントの一部ではなく、プレーヤーを保護・支援して、公演の質を向上させる役割を持つ、公演の構成において重要な要素です。彼らは単なる審判ではありません。ジャッジがプレーヤーの面倒を見ることで、プレーヤーは大きなリスクを取ることができます。観客を退屈させたら舞台から降ろし、観客を怒らせたら罰を与え、気が散ったら軌道修正し、必要ならば厳しい判断を下し、観客からの批判を受け止め、プレーヤーを守り、観客がプレーヤーをヒーローとして見るように働きかけるのです。

キース・ジョンストン

ジャッジはしっかりとした親であり、プレーヤーは「やんちゃだけれど気分の良い子供」である。

ジャッジは以下のすべてを実現しましょう。
・プレイヤーや観客が反応できる権威的な存在でいること。
・効率と明快さを高めること。
・必要な時に必要な決断をすること。
・効率的な課題を与え、それを受諾することをプレーヤーに呼びかけること。
・停滞している場合、プレーヤーにシーンの開始を促すこと（シーンは5-4-3-2-1で開始します）。
・プレーヤーに大きな声を出すように求めること。
・観客を退屈させる前に、平凡な素材をステージから取り除くこと。
・ホーンを使うこと。
・照明を落とすこと。
・「終わりを見つけて」「30秒でシーンを終わらせて」とサイドコーチすること。
・ショーの内容とバラエティに気を配ること。
・対処すべき行動をプレーヤーに警告すること（悪口が多い、シーンにバラエティがない、シーンを効率的に始められないなど）。
・「バスケット」のペナルティを与えること。

・チームと同様に、ショーの利益のために、チームの判断でチャレンジを拒否することができます。例：「そのチャレンジはすでに見たことがあります」という反復的であるという理由や、「消防法により、舞台上での生火の使用は禁止されています」という安全面の理由で却下するなど。

シーンの終わりに、すべてのジャッジは1（低い）から5（高い）の間で点数をつけます。すべてのジャッジは平等ですが、1人だけ「ヘッドジャッジ」と呼ばれる人物がいます。彼または彼女は、コイン投げをすることができ、最終的な決定を下すことができます。

➲ ヒント: ジャッジは面白い衣装を着ないようにしましょう。これは観客にとって、彼らの権威者という役割を低下させるものだからです。権威者を怒鳴りつけるが楽しいですよね。

キース・ジョンストン

ジャッジに、異なる責任を与えないでください。例えば、物語のジャッジ、スキルのジャッジ、エンターテイメントのジャッジのように。
私たちはこれを試しましたが、意図したように機能しませんでした。無視されたり、混乱を招いたりしました。どうかやめてください。

## ジャッジの入場

ジャッジは、凝った入場の仕方をしてはいけませんし、ショーの効率を妨げてはいけません。ジャッジは一緒に入場し、その際にコメンテーターが観客に「ブーイング」をするように呼びかけます。これにより、観客がショーの権威者に対して、自由に遊び心を持って対応する環境が整います。ジャッジはブーイングに傷つくような反応をしてはいけません。

Keith Johnstone - Impro For Storytellers pg. 8

コメンテーターに「ジャッジにいつもの"ブーイング"をお願いします！」と言わせます。2人のジャッジは舞台を横切って自分の「座席」に行き、3人目のジャッジはコイン投げを監督するために、舞台の中央に行きます。
「全員一緒にいたほうがいいですよ」と私は言います。「時間の節約になります」。
「しかし、それではジャッジを「ひとつの生物」として見ることができません。観客がヒス（訳者注：不満や非難を表すためにシューという音を立てること）やブーイングをする中、一丸となって舞台を横切り、自分の席についてください」。そしてコメンテーターが「ヘッドジャッジはコイン投げのために中央へお願いします！」と言って、ブーイングを中断するのです（この「ヘッドジャッジ」は架空のものです。1人のジャッジが他の2人より威張ってはいけません）。

ジャッジを務めるパフォーマーは、観客に気に入られるかどうかを心配してはいけません。ジャッジは、学ぶ必要のあるスキルです。プレイヤーは、仲間がホーンで失敗をすることを許し、ジャッジが正しい精神でそこにいることを信用する必要があります。

良いショーの夜には、ホーンが鳴ると、観客はジャッジに反応するでしょう。プレーヤーやショーがブーイングされるより

も、ジャッジにブーイングが起こるのが望ましいのです。ジャッジに対するちょっとした感情は、舞台上の作品に誰も責任を取らないために、観客が黙ってしまうことより好ましいことです。

**⊃ ヒント:** リハーサルで「王様ゲーム(King Game)」のようなゲームを行い、良いジャッジになれるように練習しましょう。(『Impro For Storytellers』pg. 237参照)

## ヘル・ジャッジ (Hell Judges)

ジャッジは、「ヘル・ジャッジ」を使って練習することができます。これは、パフォーマーが観客の要求に正直につながるためのユニークな方法です。ヘル・ジャッジ（またはジャッジ）は、観客の目の届かない劇場の観客の後ろに座ります。彼らの仕事は、観客がショーに参加しているかどうかを観察することです。舞台上のパフォーマーや前列に座るジャッジは、最前列の大声に影響されることがよくあります。これは、観客全体に対するジャッジの視点を狂わせることになります。
　ヘル・ジャッジは、観客が集団で興味を失いつつあるのを感じたら、ボタンを押して、正規のジャッジの前にあるランプで知らせます。この信号は、ジャッジには見えますが、観客からは見えない小さな赤い光です。このライトが点灯するとい

うことは、ジャッジが「退屈しのぎのホーン」を鳴らしたいという強い意思表示となります。
　ヘル・ジャッジは、ジャッジの衝動が観客の気持ちと一致しているかどうかを訓練するのに役立ちますし、自信がない場合にホーンを使用することを許可してくれるものです。

Keith Johnstone - Impro For Storytellers pg. 67

どんなゲームにも失敗はつきものです。このことを理解していないと、シアタースポーツ™はストレスの多い活動になってしまいます。

# ホーン

多くの人が「退屈への警告」と呼ぶホーンは、キース・ジョンストンのシアタースポーツ™で最もユニークで重要な要素です。「レスキュー・ホーン（RESCUE HORN）」は、困っている人に役立つツールという意味が込められています。

想像してみてください。舞台上で心臓がドキドキして、シーンはうまくいかず、舞台袖ではチームメイトが目を覆い、自分が乗っている船は沈みそうで、見ていられません。演劇の古いルールに従えば、シーンは長引き、やがて終わりを迎えます。観客は礼儀正しく拍手を送り、あなたは出来が悪かったことを知りながら、そそくさと舞台から退場することになるでしょう。

しかし…これはシアタースポーツ™であり、伝統的な演劇ではありません。ホーンは、ジャッジがシーンをつまらないと判断したとき、苦戦しているとき、プレイヤーがストレスや不満を感じているときに鳴らされます。

ホーンが鳴らされると、プレイヤーは自尊心を傷つけられることなく、舞台から逃げ出すことができます。ジャッジが「意地悪」をすることで、責任をとってくれるのです。そして再び挑戦することになります。

Keith Johnstone - Impro For Storytellers pg. 4

従来の演劇のようにシーンが長引くこともありますが、退屈なものは「レスキューホーン」で止めることができます。そして、みんなが楽しんでいるシーンでジャッジがホーンを鳴らしたら、観客の怒りが飛び交うでしょう。

テアトロ・アモッラ (Teatro a Molla) ,
ボローニャ, イタリア
📷 by マニュエル・ニベイル (Manuel Nibale)

ホーンは、プレイヤーがリスクを負って、新しいアイデアを試すことを可能にして、それがうまくいかなければ、ジャッジが舞台から退場させることでプレイヤーを助けるのです。観客は、退屈なシーンやプレイヤーの無意味な奮闘を見ないですみます。観客が楽しんでいるシーンに、ジャッジがツッコミを入れれば、劇場に大きなエネルギーが生まれて、自分の愛するチームに対して、レフリーが不当な判定をしたときのスポーツイベントのような雰囲気になります。

過去には、インプロバイザーたちは、小心者のジャッジに「ホーンを鳴らしてください」と叫んだこともありました。ホーンは自分たちだけでなく、観客を助けるためにもあることを理解しているからです。舞台で行われているシーンが上手くいっていないことを皆が知っていると

きは、正直にそれを指摘するのが一番です。そうやって良い気分 (good-natures) で接することができれば、シアタースポーツ™の核心に触れることができます。

観客は、失敗に直面しても笑顔でプレイできる特別な生き物を見ているのです。観客たちにはできなくても、由緒あるシアタースポーツ™のプレイヤーには、それができます。そして驚くべきことをプレイヤーが行うことで、観客は失敗があったとしても、楽しむことができます。プレイヤーの成功や失敗を楽しむことができるのは、気分の良い態度 (good-natured behavior) によって、それが許可されているからなのです。

Keith Johnstone - Impro For Storytellers pg. 16/17/18

もしチームが「退屈の警告」を受けたら、そのシーンを終了して退場しなければなりません（これは「警告」ではなく真実です。しかし「ブーイング」よりも侮辱的には聞こえません）。「警告」は、各ジャッジが首から下げているレスキューホーンを「鳴らす」ことで行われます。このホーンを購入する前は、ゼロのカードで「警告」を出していましたが、「ゼロ」ではなく「ホンク」で消すのは「先生」らしくない感じがします（ジャッジが照明に合図をしてシーンを終わらせることができますし、照明オペレーターやチームメンバーがタイミングを見計らって、終わらせることができます）。

経験豊富なプレイヤーであっても、来るはずのないひらめきを期待して、突っ走ってしまうことがあります。プレーヤーは、最悪のショーの後、控え室に集まって「"退屈コール"はどこで鳴らされたんだ。私たちはそれが欲しかったのに！」と言うことがあります（まるで退屈なシーンを自分たちで終わらせることを禁じ

られているかのように）。しかし、自分が注目されることを楽しむあまり、シーンが退屈でも気にしないプレイヤーは少数派です。「私はパフォーマーだから、観客がどう思うかなんて気にしなくてもいいでしょう」と言っているのを聞いたことがあります（彼のセックスライフが気になります）。

このようなプレイヤーは、観客が興味を失っていないうちに、警告が出されている（あるいは照明が消えている）ことに不満を持つでしょうが、もっと良いタイミングがあるのではないでしょうか？ 観客は、あるシーンに不当なホーンが鳴らされると、怒りの声を上げるでしょうし、それによってプレーヤーと一緒になってジャッジに対抗します（いいですね！）。しかし利己的なプレイヤーは「不当であること」に憤慨するでしょう。
「ジャッジが常に正しいわけではありません」と私は言います。「それにシアタースポーツ™は、正しく採点されるかどうかで、みんなの名声が決まるようなものではありません。結局のところ、あなたは吹雪の中、ツンドラに放り出されるわけではないのですから」。
「しかしこの警告が、どんなに観客を憂鬱にさせるものなのか分かっていますか？」
「プレイヤーが、鞭打たれた犬のようにコソコソと逃げ出したらそうなるけれど、投げ出されても、楽しそうにしているインプロバイザーを見ると、心が温かくなります」。
「もし威厳を保ちたいのなら、なぜ即興をするのでしょうか？」警告を下手に扱うと残酷なものになりますが、適切に使えば博愛が生まれます。観客は、舞台外に放り出されても幸せな気持ちでいられるインプロバイザーを崇拝します。

警告を受け入れる。
あるグループは、この警告は「プレイヤーが、起こりうる結末を見抜けなかった」という意味に過ぎないと言って、この警告を和らげています。これはスポーツの本質に反しています。観客は、ボクサーがノックアウトされたり、スピードボートがひっくり返ったり、インプロバイザーが「あなたのシーンは失敗した」とはっきり言われるところを見たいのです。つまらないものは「つまらない」ですし、多くのシーンは20秒後にはつまらなくなっています（すでに救いようのないほど愚かです）。

5分もあればできるユーモアのある拒絶の方法を学ぶ代わりに、この警告をやらなくなってしまいます。

またすべてのシーンに、1分や2分といった時間制限を設けることは、満足できない解決策です（「満足できない」とは、プレイヤーは自分でシーンを終わらせる方法を学ぶべきだからです）。「90秒以上のシーンは禁止」とするシアタースポーツも聞いたことがあります。もし公演が15分しかないのであれば、それは意味があるかもしれません。しかし、パワーとエネルギーに溢れたシーンをなぜ殺してしまうのでしょうか？もしかしたら、ジャッジの気が弱いためにつまらないシーンが長引き、90秒ルールは自暴自棄にできたのかもしれません。
当初は、パフォーマーの気持ちを大切にして、3回の警告までは舞台にいることできて、警告は全員が一致したときだけにしていました。次に、2回目の警告でチームを退場させることにしました。最終的には、心を痛めた末に、正義よりも、死んだシーンを舞台から退場させることのほうが重要だと判断し、どのジャッジも、いつでも（相談なしで）シーンを終わらせることができるとしました。しかし、それでも退屈したジャッジが、レスキューホーンをもてあそんでいる間に、退屈なシーンが継続されることがありました。

最近では、いわゆるヘル・ジャッジ（観客の後方に座っているインプロバイザー、p.324参照）が、退屈したらボタンを押すことができます。このボタンを押すと、正式なジャッジの足元と照明ブースに赤い「地獄の光」が点滅します。正式なジャッジは、これを無視することができますが、無気力になっているジャッジを揺さぶることもできるでしょう。
私は、インプロバイザーを舞台から退場させるために、もっと目立たない方法を考案することもできました。例えば「コメディラウンジ」では、バーの後ろの写真が点灯したら、コメディアンは退場しなければなりません。しかし私は、演劇を「評価」して、まるで怪しげな卵を論じるかのように「かなり気に入った」と言う観客に飽き飽きしていたので、警告はあからさまにして欲しかったのです。

この考え方はとても高度なものです。悪いトレーニングを受けたインストラクターは、的外れなことをしてしまいます。彼らは、失敗を健全な方法で処理するのではなく、失敗を避けることを学んだからです。当然のことながら、若者は大人よりも簡単に「ホーン」「バスケット」「失敗」に対処することができます。

Keith Johnstone - Impro For Storytellers pg. 11

もしチームが「ホーン」を鳴らされたとしても、おだやかな気持ちでいられるようにしましょう。プロの俳優は、怒りや憤りを表現することがとても多いのですが、誰もこれを賞賛しませんし、試合後に家に招待したいとは思いません。

### ホーンで幸せな失敗を教えるエクササイズ

》 ホーンを教えるときに、私はこんなエクササイズを考えました。3人にジャッジをお願いして、他の人たちは舞台の片側に寄ってもらいます。私は彼らにこう言います。「二人一組になって、あるシーンを演じてください。何かの拍子にホーンが鳴ります。ホーンが鳴ったら、遊び心を持って、気分良く受け取る練習をしましょう。ホーンが鳴った後は、嬉しそうな顔をしてください。もしイライラしたり、怒っているように見えたら、もう1回、あるいは何回でもやってみます。自分の表情や観客の受け止め方に、気づかないことがあるからです」。私はその後、3人のジャッジの後ろに座り、彼らのうち1人または3人の肩をたたいて、ホーン鳴らしがランダムになるような手助けをします。2人のプレーヤーが舞台に来て、ある時点でホーンを鳴らし、彼らが楽しそうにしていたら「ありがとう、次！」と言い、さらに2人のプレーヤーが舞台に上がります。楽しそうでなければ「ちょっと怒っているようにも見えたし、驚いているようにも見えたし、困っているようにも見えた。もう一度やってみて！」と言います。その後、別のシーンをやるのです。

このホーンは、ランダムで遊び心のあるタイミングを目指しています。「これはないだろう」と思う瞬間が、本当の素直な表情になるのです。また冒頭のセリフの後、何人かの人が歩き続けるシーンや、「もう1回やってほしい」と思うくらい長いシーンをやることもあります。3人のジャッジがいい仕事をしていれば、口を挟みません。私はプレッシャーを和らげ、彼らをサポートするために存在しているのです。

多くの場合、人々は遊び心を持ってホーンを受け入れるか、否定的に受け入れるかの違いを強く意識するようになります。また、ホーンを鳴らすことが必ずしも簡単ではないことを知り、ジャッジへの理解も深まります。
そしてランダムに鳴らすのをやめて、プレーヤーを救うためにホーンを鳴らす瞬間を探すことにつなげています。
ワンワードをやるときに、「もう一度！」を加えること (ストーリーが気に入らないときにやり直す) は、上記のエクササイズへの良いきっかけになります。《 パティ・スタイルズ (Patti Stiles)

インプロ・メルボルン (Impro Melbourne)、オーストラリア
by マーク・ガンビーノ (Mark Gambino)

コートヤード・プレイハウス (Courtyard Playhouse)、ドバイ、アラブ首長国連邦
by Tiffany Schultz

IMPROKINAWA - Japan by 久高友昭 (Tomoaki Kudaka)

## バスケット

ジャッジは、プレイヤーの頭にバスケットを乗せて、2分間プレイから離れるというペナルティを課すことができます。(通常は観客に見えていても構いませんが、舞台の邪魔にならないように、端っこに追いやられます)。この罰は単に象徴的なものですが、プレイの権威と重要性をあざやかに表現しています。また、創造的な検閲を受けずにプレイできるようにすることで、プレイヤーをサポートします。罰を受けたプレイヤーは、自分のチームの次のシーンに、参加しないことがベストです。観客には、プレーヤーが1人減ったことがハンディのように見えますが、実際にはそうではありません。通常、彼らは創造的にシーンの解決策を見つけることができます。このドラマは(特に2人チームの場合)見逃せないものです。

万が一、悪趣味だと思われるような言動があった場合、罰が与えられます。この罰則を適用することで、観客は違反したプレイヤーが処分されたと感じ、潜在的な気まずさが回避されたと感じることができます.

バスケットにおけるペナルティは、通常、シーンの文脈から外れた「無礼、粗野、不快」な行為をしたプレーヤーに与えられます。ジャッジは、この提案を時々の状況に合わせて曲げることが多いです。例えば、ジャッジに迷惑をかけ続けたプレイヤーには、バスケットが与えられます。非常に稀ですが、ある観客の発言に対して、バスケットが与えられたことがあります。また別の観客は、バスケットを要求したのです。これは自然なことで、この夜の経験をより良いものにしました。

観客に、バスケットのコールを叫んでもらうこともあります。観客はそれが好きですし、直接的に関与することができます。しかし、もしこれをパフォーマンスに取り入れる場合は、バスケットのコールは、シーンが終わった後にすることを明確にしてください。

グループによっては、シーン中に、観客に叫んでもらったり物を投げたりしてもらうところもあります。このような状況では、何か価値のあることが達成される可能性はほとんどありません。このような気晴らしは、実際のシーンよりも、ショーの構造に注意を向けることになります。また、プレイヤーには飛んでくるものが見えないこともあるので、プレイヤーに向かって物を投げるのは危険です。

シアター・アヌンデプフィルシッヒ
(Theater Anundpfirsich)
チューリッヒ, スイス 📷 by マイク・ハム

## 採点とスコアカード

公演中の採点において、各ジャッジは、5枚の大きなカード(膝くらいの高さで、劇場の後ろからでも見えるくらいの大きさ)を持って座ります。各カードの両面には、1から5までの数字が大きく書かれています。

シーン終了直後、ジャッジは観客とコメンテーター(およびスコアキーパー)に見えるように、スコアカードを掲げます。スコアは合計され、スコアボードに表示されます。

クアドリフォリ (Quadrifolli)
ミラノ, イタリア
📷 by ジッポ・モラレス
(Gippo Morales)

シアター・オブ・ナウ (The Theatre of now.)
**ダン・オコナー (Dan O'Connor )**
**LAシアタースポーツ (LA Theatresports™)**
**ロサンゼルス, アメリカ**

Keith Johnstone - Impro For Storytellers pg. 10

「チーム「ツチノコ」が、退屈なシーンを演じたと想像してみましょう。ジャッジはそれを採点してください」。各ジャッジは、1(点)のカードを掲げます。
「しかし、そのシーンがたった1点の価値しかないのなら、なぜ私たちはそれを見ていたのでしょうか? 退屈なプレーヤーは、ホーンで舞台から下ろしましょう。喋り続けさせてはいけません」。

ホーンが鳴らされて、シーンが終わってしまったとしても、ジャッジはそのシーンを採点します。観客がジャッジの意見に反対すれば怒りをあらわにして、自分たちのチームが得点を取れば熱狂的に叫ぶことができる、もうひとつのチャンスです。

「一対一」や「チーム対チーム」の勝負の場合、ジャッジたちは片腕を上げ、指を1本立て、そのチャレンジに勝ったと思うチームを、それぞれ同時に指します。

デニッシュ・マッチの採点は、観客がラウンド終了時に、最も気に入ったシーンを行ったチームに声援を送ることで行われます。両チームがチャレンジを終えたら、司会者が観客に、好きなチームの名前を叫ぶように指示します。勝利したチームには5ポイントが与えられます。

Keith Johnstone - Impro For Storytellers pg. 9

チーム「太ったネコ」のパフォーマンスが良かったことを想像してみましょう。各ジャッジが3点のカードを掲げます。「しかし、シーンがうまくいったのなら、2人ぐらいから4点があってもいいのでは？ 高得点をあげても批判されることを恐れてはいけません！」。

## 公平さ

世界中のいくつかのグループでは、ジャッジがシーンの点数を「バランスよく」つけようとすることがよくあります。作品のエンターテインメント性を無視して、チームが同じ点数を獲得すべきだという考えは、インプロヴィゼーションにおける誠実さの考えに反します。

　ジャッジが人為的に点数を変えてドラマを作ろうとすると、観客はそれに気づき、操作されていると感じます。観客は、圧倒的に優れたチームが、ショーの間ずっと葛藤を抱えていた（上手くいかなかった）チームと同点になっているのを見る

と、騙されたと感じます。またインプロバイザーたちも、ジャッジの人為的な行為によって、自分たちより強いチームと同点になってしまう（最悪の場合は勝ってしまう）ことで、密かに恥ずかしさを感じるでしょう。

　物事を「公平でバランスのとれたもの」にすることは、私たちの目的ではありません。それよりも重要なのは、プレーヤーがポジティブな精神を保ち、失敗や損失（成功や勝利も同様）に対処できるように訓練することです。

## チャレンジ

ルースムース・シアター (Loose Moose Theatre )
カルガリー、カナダ
📷 byブリアンナ・ケネディ (Breanna Kennedy)

➲ **ヒント：** シンプルで効率的であることは、キースが奨励するテーマです。最小限の言葉でシーンやゲームを行う練習をして、本番に臨みましょう。

何が良いチャレンジなのか、どのチャレンジが最もショーに貢献するのか、多くの議論がなされています。シアタースポーツ™は、バラエティに富んだパフォーマンスであることを忘れないでください。すべてのシーンが決まった時間の長さで、同じような感情の質だとしたら、毎週のように観客を惹きつけることはできません。以下がキースの提案です。

Keith Johnstone - Impro For Storytellers pg. 13-16

チャレンジすること：一定の形式を守ること。チャレンジは重要なものであるべきです。（プレイヤーがゲームに真剣に取り組めなければ、見ている人も真剣に取り組めないでしょう？）そして簡潔であること。ほとんどのチャレンジは説明が不要です。例えば「ハットゲームはつかみ損なうと負け」というような、本質的なことを無視している場合は、コメンテーターやジャッジがそれを明確にすることができます。

多くのチームは、ゲームしか行わない傾向がありますが（しかも同じゲーム）、意外性のある前代未聞のチャレンジは、プレイヤーの注意を喚起させます。スペル・コンテストのような斬新なもの、有名人の最も説得力のある物まね、観客との最高のシーン、他のチームが演出する最高のシーンなどにチャレンジしてみましょう。リスクを取りましょう。バカげている、理解できない、繰り返していると思われるチャレンジは、常に却下されなければなりません（これはジャッジの判断によります）。チームは「異議あり!」と言うことができます。そしてジャッジは「何を根拠に?」と言い、「却下する!」または「続けて!」と言うことができます。

　グループの中には「いつも失敗する」チャレンジを禁止したいと考えているところもあります（かつて「ヒーセッド/シーセッド・ゲーム（He Said/She Said Game）」に拒否権を発動しようという動きがありました。しかし自分たちが嫌いなゲームをすべて避けていたら、難しいゲームはマスターできません。問題はゲームにあるのではなく、退屈なシーンを長引かせる弱いジャッジにあるのです。プレイヤーがつまらなければ（ゲームに失敗していればそうなる）、彼らを追い出せばいいのです。

　優れたチームは、ブレインストーミングで新しいチャレンジを見つけます。例えば「暗闇中で行う1分間のラジオドラマ（これは観客に抱きつく機会を与える）」、「相手チームが選んだ物を使った最高のシーン」（オリンピックでは、カルガリーが生きたヤギを提供しました）、「観客のボランティアを使った最高のシーン（ボランティアには愛と寛大さを持って接しなければならず、これには技術が必要なので、初心者が行うことは禁止）。最高の民話の再現（観客ボランティアがヒーロー）、最高のラブシーンと悲劇的な結末、最高の言い訳、最高の嘘、最高の不正の暴露、最高の復讐、最高の逃亡、最高に慈悲深いシーン、他のチームを最高に利用するシーン（例：SF映画の中の塊として、家具として、ボウリングのボールとして）、最も深刻なシーン、前向きなシーン、真実味のあるシーン、ロマンチックなシーン、恐ろしいシーン、退屈なシーン（オリンピックでのデンマーク人は、忘れられない「最も退屈な結婚の完了」を披露しました）、家族の関係、哀愁のあるシーンなどです。

　優れたチームは、すべてのシーンに観客のボランティアを入れるとか、各シーンをジブリッシュで演じるなど、自分たちで目標を設定します。チームがシアターゲームだけを選ぶと（しかも毎週同じゲームを選ぶと）、スープが出た後に、またスープが続くような単調さになってしまいます。ゲームはコントラストをつけるためのものであり、ストーリーの合間に挟んだり、「最高の宗教的シーン」や「最も精神異常なシーン」などのチャレンジの合間に散りばめられたり、何でも良いのです。

バラエティの必要性：素晴らしいチャレンジは、その場の勢いで生まれるものですが、インスピレーションが湧かないときは、前のチャレンジと似たようなものになりがちです。誰かが仕事を依頼するシーンの後に、また誰かが仕事を依頼するシーンが続くのです。これを解決するために、例えば「身体を使ったシーンにチャレンジします」というような曖昧なチャレンジを出すグループもありますが、そうするとシアタースポーツ™はさらにスポーツから遠ざかってしまいます（チーム間の直接的な比較ができなくなるため）。

チーム「オーディエンス」は、このような問題を避けるために、「あのノートだ!あのノートだ!」とパニックのふりをして叫び、可能なチャレンジを書き込んだノートを開いて走ります。そのようなノートを作る場合は、1つの欄に言葉のチャレンジ、別の欄に身体のチャレンジ、別の欄に一人で行うチャレンジ、というように書いておくとよいでしょう。

チャレンジの時間の長さ：グループによっては、すべてのシーンが6分（またはそれ以上）続くことを期待していますが、これではバラエティさが減少してしまいます。また、30秒のシーンよりも25分のシーンの方が良いと考える人もいます。私は出演者が満足するようなシーンは一つもない公演を見たことがあります。しかしそれでも彼らは、すべてのシーンを最低でも6分は持たせようと奮闘していました。そんなことをするよりも「これはゴミだ。もう一度やり直そう!」と言った方がいいでしょう。

「縛り」を避ける：必要がない限り、何が起こるかを言って罠にはまらないようにしましょう。例えば、コメンテーターが次のように言ったとします。

「さあ、これが最後のチャレンジです」と言ってしまったのに、そのシーンがあまり良くないときがあります。このような場合、ジャッジがチャレンジを追加することは難しくなってしまいます。他の例としては、ある演出家役がドラマチックなシーンを設定したときに「3語の文しか使ってはいけません」と言って、過剰な演出をしました。この指示は、必要であれば、シーンの後半に加えたほうがよかったでしょう。

ボーキング（拒否する）：ジャッジは自分たちの判断で、チャレンジを拒否することができます。ジャッジの拒否は、ショーにバリエーションを与え、観客が帰路につくときに何かを話し合うきっかけになります。典型的な拒否は、次のようなものです。「私たちは、そのチャレンジを拒否したい。なぜなら、みんながウンザリしているから！」「あのチャレンジは漠然としすぎていると思う」「チームが、私たちに意味を納得させてくれないならば、拒否したいです！」あるいは「たった今、詩のシーンが2つありました。それなのに、これから歌のシーンが2つ続くことを、誰が本当に望んでいるでしょうか？」

　もし拒否が支持された場合、チームから新たなチャレンジを出さなくてはなりません。しかし、これも受け入れられないと判断された場合、ジャッジは自分たちのチャレンジを出さなければなりません。ジャッジが拒否することもできます。彼らは次のように言うことができます：「我々はそのゲームに異議を唱えます！（理由を述べる）」もしくは、ヒントを与えることもできます。

例えば「もしあなたが、このチャレンジに異議を唱えたいのなら、喜んであなたを支持します」。
拒否は自動的に受け入れられるべきではありません。例えば「ヒゲを生やした最高のシーンに挑戦します！」
「私たちは拒否します！」
「根拠は何？」
「彼らにはヒゲがあって、私たちにはないので！」
「認めない！」
その通り！髭のないチームは、カツラで即席の髭を作ることもできますし、科学者が強力な復元剤（SWATチームが髭を剃って入るほどの）を発明することもできるからです。

あるチームの3人が、ペナルティ・バスケットに頭を突っ込んで座っていました（これは珍しいこと）。その時に、4人目のプレーヤーは、相手が言った「最高の4人の上下関係を表現する」というチャレンジを拒否しました。しかしこの拒否は、ジャッジから「1人が4人のキャラクターを演じることで観客が喜ぶから」という理由で却下されました（3人の観客ボランティアに協力してもらうことも可能です）。協力的なプレイヤーは、自分（あるいは私たち）にとって、まったく興味のないシーンにも参加しようとするでしょう。しかしお互いに自滅するようなシーンに協力するよりも、拒否したほうがいいでしょう。

相手チームがプレイしている間、自分たちの対応について、チーム内でひそひそと話し合うのはやめましょう。目を輝かせて相手のシーンを見て、誰かが飛び出してきて、自分の反応を観客にアナウンスしてくれることを信じましょう。
**トム・サリンスキー -ザ・スポンタネイティ・ショップ（The Spontaneity Shop）, ロンドン, イギリス**

Keith Johnstone - Impro For Storytellers pg. 8

チーム「太ったネコ」がコイン投げに勝ち、一人が「主従関係のシーンはどうでしょう」とつぶやくように言います。
私は切り出します。「君は若いし、健康だし、自由じゃないですか！舞台の反対側に歩み寄り、はっきりとした声で、挑戦状を叩きつけるのです。フォーマルに発表してください。「私たちチーム"太ったネコ"は、チーム"ツチノコ"にチャレンジします。最高の主従関係のシーンで！」と。
「声はただ聞かせるだけではなく、観客を懲らしめるムチでもあるのです。ダイナミックであれ！決闘の前に気分が悪くなるなんて、ハムレットのようなことは忘れてください！」

## 優勝賞品

シアタースポーツ™の公演を行うときは、優勝者への賞品の授与に十分注意してください。もともとシアタースポーツ™のフェスティバルでは、劇場の周りにあるもので作ったトロフィーを授与していました。キースの考えは、賞品は取るに足らないものであるべきで、競技をリアルに感じる、本能を刺激するものであってはならないとうことでした。さらに出演者には「自分の劇場に帰って、全員が受賞したことを発表し、フェスティバルを主催した劇場は、自分の街からプレスやメディアが電話をかけてきたときに、必ずその情報を確認するように」とまで言っていました。

　ショーの焦点は、お互いに刺激を与え合いながら協力して、観客の記憶に残るショーを作り上げることです。賞品があると、実際の競争が激しくなり、気分の良い（good nature）遊びやチームワークの精神が損なわれてしまいます。

### ノルウェーの話

　ノルウェーの、国内インプロヴィゼーション・フェスティバルでは、国内で最も優れた若いチームを決定すると称して、優勝者に千ドルの奨学金を提供していました。何年もの間、このフェスティバルはインスピレーションに欠けた作品や貧弱な精神で知られていました。各チームは真剣に競技に取り組み、気分の良い人（good nature）はほとんどいませんでした。

　最近では、このフェスティバルは新たな展望を持っています。今でも奨学金を提供していますが、ジャッジは他の基準も考慮するようになりました。今では、ゲームにおけるサポート力、グループの協力体制、出身地、この賞金から最も恩恵を受けるのは誰なのかを考慮しています。賞金を受け取るに値する個人やグループに分配することもあります。

ヘレナ・アブラハムセン（Helena Abrahamsen）, オスロー

## キースのアドバイス

Keith Johnstone - Impro For Storytellers pg. 12

私からのアドバイスです。
・あなたがつまらないことをした時に、あなたを退場させてくれるジャッジを見つけなさい。
・自分が何を している のかわからないうちに、人前で公演に出演してみましょう。
・最初の出演 は、情けないほど短くしてください（10分で十分ですが、触発されていない時は、それが何時間にも感じられます）。
・ユーモアを持って失敗すること。
・「自分の傷をなめて」、スキルを練習して、またやりましょう。
学校の場合、人前で演じることは、他のクラスの前で演じること、昼休みに演じること、他の学校に挑戦することなどを意味します。

スティーフ・ブライズ（Steife Brise）
ハンブルグ, ドイツ
by クラウス・フリーゼ（Klaus Friese）

ImproJapan
ImproJapan

ルースムー
ス・シアター（Loose Moose Theatre）カルガリー, カナダ
by デボラ・イッツイ（Deborah Iozzi）

# 細部への気配り

## セノグラフィー（舞台美術）

シアタースポーツ™に限ったことではありませんが、セノグラフィーとは、小道具や家具、布地などで環境を整えて、プレイヤーやシーンをサポートする技術のことです。たとえ実質的な舞台美術やそれを動かす人がいなくても、小道具、帽子、服、長い風船などを出演者が利用できるようにしておくとよいでしょう。

以下は、セノグラフィーによるサポート例です。
・場面に応じて、リビングルームやオフィスを作る（椅子3脚に毛布をかけてソファに、テーブルがなければ箱をテーブルにするなど）。

・レストランや考古学的な発掘物に装飾する文字を追加する。
・持ち上げるだけで、人が飛んでいるように見せる。
・シーンの物理的な視点を変えて、モンスターが踏みつけている指のある小さな村を作ることで、物語性を高めることができる。

ルースムース・シアター (Loose Moose Theatre)
カルガリー, カナダ
📷 by ケイト・ウェア (Kate Ware)

キースが意図したように、シアタースポーツ™をプレイしてみてください。
**デニス・ケーヒル ルースムース・シアター, カルガリー, カナダ**

ルースムース・シアターでは、インプロバイザーのトム・ラムとショーン・キンリーが、効率よく家具を動かす技術的な側面から、舞台裏にあるシンプルな物を使って、鮮やかなイメージを作り出したことで、セノグラフィーがより重要な意味を持つようになりました。ショーンは「自分が提供したものによって、インプロバイザーがインスピレーションを得て輝いているのを見たとき、私は気分が良かった」と語っています。

セノグラフィーを行うことは、即興の強力な教師です。セノグラファーは、シーンやプレイヤーをサポートしたり、ショーを盛り上げたりするための方法を常に考えています。これは、どんなインプロバイザーにも役立つスキルです。

すべての劇団やグループが豊富な小道具を持っているわけではありませんので、手元にある道具に合わせたセノグラフィーを行うためのワークショップが開発されました。
いくつかのアイデアをご紹介しましょう。
「スーツケースに入ったセノグラフィー」の練習。（シンプルなケースや箱に、折りたたみ可能で適応性のあるものを詰めれば、実際の10倍以上の小道具を持っているように見せることができます。無地の素材はマント、スクリーン、川になり、傘は木やレーダーなどになるなど）。厳選された小道具をスーツケースに入れておけば、それほど収納スペースは必要ありません。
パントマイムの技術を身につけて、自分の身体を使って、必要な物やキャラクターになることができます。
自分の使える環境を、他の現実に適応させる練習をしてみましょう。

Keith Johnstone - Impro For Storytellers pg. 5

私は可能な限り、ガラクタでいっぱいになったテーブルでプレーヤーを囲みます。可能な限り、ゴルフカート、ベッド、布団、車いす、舞台上で「漕げる」ボートなどです。シアターマシーンのツアーでは、よく小道具部屋を物色していました。例えば、ウィーンのオペラ座から「ヘンゼルとグレーテル」の巨大な檻を借りてきたりしました（その後、使いませんでしたが）。
　舞台裏に潜んでいる「スノッガー (Snoggers)」が、西部劇のシーンのために転がる草を舞台上に転がしたり、天国のシーンのために椅子に「ポリエステルの薄い布」をかけたりして、「舞台装置」を提示します。またカーペットを折り返すことで、テープで貼った死体の輪郭に見せたり（犯罪現場の設定）、黒く塗ったはしごを舞台に敷いて「線路」にしたり、舞台の反対側に立って、バスケットを掲げて体育館を演出したりします。観客からボランティアを募ることもあります。私はかつて、50人の観客がステージに駆け上がったのを見たことがあります。観客は舞台上に横たわり、鴨の鳴き声をして、ハンターになったインプロバイザーたちが湿地帯を歩き回ったのです。

# ノート（訳者注：ノートとは、演出家などが公演後に出すコメントのこと）

パフォーマンスの後、キースはよく公演についてのノートを残します。ノートは、プレイヤーにとって、ショーや個々のパフォーマンスに関する重要な情報源です。

ノートには、シーンやショー全般について書かれています。注目すべき点は以下の通りです。
・プレイヤーの声は聞こえていたか？
・ショーには十分なバラエティがあったのか、それともデートのシーンが3つ連続していたか？
・プレイヤーは照明が当たる場所に立っていたか？
・シーンの始まりで作った設定を実行したか、それともそれは無くなってしまったか？
・ジャッジはホーンを使って、十分なリスクを負うことができたか？
・プレイヤーは観客ボランティアを大切にしていたか？…などなど。

## これを試してみましょう。
・ショーの後、みんなで一緒に座りましょう。
・シーンやテクニカルな要素をリストアップして振り返ります。
・簡単なフィードバックを共有しますが、議論はしません。
・舞台上での個々のパフォーマーの成功や失敗を参考にして、そのパフォーマーや仲間を教育できる演出家がいるといいです。例えば、誰かがシーンを輝かせたり、コントロールしたりしている場合、そのことを振り返りの一部で、短く振り返らなければなりません。そうしないと、このセッションの時間は、発展性のない単なるショーのレビューになってしまいます。振り返りは多くのシアタースポーツ™のグループに欠けており、そのことが潜在的に彼らの成長を妨げています。

あくまでも、ひとりの人間の意見を聞くのだということを理解しましょう。これは、提供されたノートが正しいか間違っているかということではなく、単なるいち意見にすぎないということです。ノートは簡単に、効率的に、議論をせずに与えられます。プレイヤーが「こうだったらいいな」と思うことではなく、実際に起こったことに焦点を当てるべきです。コメントは、情報や視点を提供するためであり、非難するためのものではなく、シーン創作がどのように失敗したか、あるいは成功したかを指摘するためのものであるべきです。

2時間のショーに必要なのは、15分のノート・セッションだけです。責任者が前に座り、セッションを「リード」します。必要に応じてセッションを進めてください。議論はいつでも可能ですが、ノート・セッション中はできません。時間がかかりすぎるし、悪い感情を生む可能性があるからです。

## ノートを受け取る
中には自尊心を潰されたような反応をする人もいますが、ほとんどの人は、ノートはショーや自分の成長を向上させるためのものだとすぐに理解します。忘れないように。ノートは今後の作品をより良くするためのものです。それは個人についてではなく、作品についてです。

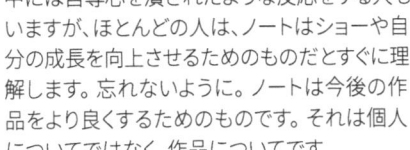

キース・ジョンストンによるスケッチ

デット・アンドレ・シアター（Det Andre Teatret）
オスロー、ノルウェイ
by ニルス・ピーター・モーランド（Nils Peter Mørland）

東京演劇大学連盟
(Tokyo Federation of Theatre Universities)
ImproJapan

テアトロ・アモッラ（Teatro A Molla）、ボローニャ、イタリア
by ジャンルーカ・ザニボーニ（Gianluca Zaniboni）

## ゲーム一覧

アンエクスペクテッド・プロダクション (Unexpected Productions) ,
シアトル, アメリカ

形式を教える際に、「ゲームすることがシアタースポーツ™である」と学生に教えたくなる指導者がいるかもしれません。これは事実とは大きく異なります。ゲームは、パフォーマーやシーンワークの成功に悪影響を及ぼす行動を調整するために使用されます。

ゲームは楽しいだけではなく、プレイヤーの成長にもプラスになります。レッスンがインパクトのあるものであれば、プレイヤーは構造的な安全性を取り除き、より多くのリスクを取ることができるようになります。

ゲームには様々な種類があり、中にはより有用なものもあります。有用なゲームは、インプロバイザーを支援し、慈悲深い行動をとり、リスクと失敗を受け入れるように訓練します。またストーリーテリングのスキルも鍛えます。あまり役に立たないのは、プレイヤー同士の関係を切り離したり、話を台無しにしたりするような、悪い習慣を訓練するゲームです。単に言葉遊びや知的なアクロバット、あるいは競争や悪感情を煽るようなゲームには注意が必要です。観客は笑っているかもしれませんが、自分自身に「なぜ?」と問いかけ、プレイヤー全員が楽しんでいるかどうかを確認しましょう。

多くのグループは、ゲームのルールに慣れるために、ゲームを複雑にしてしまいます。やがて、インプロバイザーを助けるシンプルでエレガントなゲームが、ダンスをするプードルたちが輪を飛び越えながら演奏するといった複雑な一連のタスクになってしまうのです。
**ショーン・キンリー (Shawn Kinley) ,ルースムース・シアター (Loose Moose Theatre) カルガリー, カナダ**

『IMPRO FOR STORYTELLERS』には、即興スキル、ストーリーテリング、シアタースポーツ™の背後にある精神の開発に役立つゲームやエクササイズが含まれています。

キースの本を入手して、以下のエクササイズを使用することをお勧めします。

# おわりに

ハーレキンシアター（ドイツ・テュービンゲン）
📷 by ハルトムート・ウィマー

## おわりのことば

シアタースポーツ™は、公共劇場のイベントで、観客を十分に魅了したいという思いから生まれました。しかしそのビジョンは、決して主要な目的ではありませんでした。コンセプトが成長し、発展していく中で、永続的な価値を持つためには、私たちの生活や観客自身の経験がシーンに反映されなければならないことが明らかになりました。シーンは、シアタースポーツ™の実体でなければなりません。

正しく表現されれば、パッケージよりも中身が重要であることは明らかです。シアタースポーツ™は参加型の壮大な儀式であるからこそ、ファンファーレの中で語られる物語に、特別な注意を払うように努めなければならないのです。演出されたイベントの中で、架空のチームを応援するという楽しい不条理さは、切実で正直な感情を伴うシーンによって見事に相殺されます。

賑やかな雰囲気の中では、静かな時間にも意味があります。笑いを誘った後は、心の琴線に触れたり、涙を誘ったり、ただ耳を傾けてもらったりするチャンスもあります。

### 日本でのお話

✍️ 国内のいくつかのグループのメンバーが、週末にシアタースポーツ™のワークショップを行い、その後に公開ショーを行いました。この日の最後のシーンは、チーム対チームの同点戦でした。多くの国では「韻を踏むシーン」がゲームの選択肢になりますが、日本語では文法の関係上、その概念は通用しません。その代わりに、「俳句を詠む最高のシーン」というゲームを行いました。その結果、観客は感嘆し、プレーヤーは目に見えて震え、言葉がわからないパフォーマーでも、シンプルで素晴らしいものを見たと感じるほど、心に響くものとなりました。　スティーブ・ジャランド

iTiコミュニティへようこそ！シアタースポーツ™の冒険をお楽しみください。

## その他の情報

### インプロ（Methuen）- キース・ジョンストン
インプロ・シアターの起源と現在の発展について説明しています（補足：日本語版が出版されています）。

### Impro For Storytellers (Faber and Faber)
### キース・ジョンストン
シアタースポーツ™のフォーマット、背景、プレイの仕方についての重要なポイントを説明しています。他のキース・ジョンストンのフォーマット、多くのシーン、ゲーム、エクササイズについても解説しています。

### ITIニュースレター
記事、資料、ストーリーを共有するための月刊オンライン出版物です。
申し込みはこちらから：impro.global/resources/join-the-newsletter

### impro.global
「Resources（資料）」タブの「Keith Johnstone Newsletters（キース・ジョンストン・ニュースレター）」（パスワードで保護されています）をクリックしてください。シアタースポーツ™に特化したニュースレターがいくつかあります。
ITIが推奨するインストラクター・リスト、ビデオ、書籍、記事、フォーマットガイド、翻訳なども掲載されています。

### Theatresports™ Handbook APPの詳細情報
iTunesで入手可能

### 直接のご質問は
admin@theatresports.org
または各地域の代表者にお問い合わせください。
impro.global/about-us/iti-humans